비영리단체를 위한
현물기부 가이드북

비영리단체를 위한 현물기부 가이드북

초판 1쇄 발행 2022년 12월 16일

글쓴이 정현경, 정낙섭, 김덕산, 김일석 | 기획 이정선(한국공익법인협회 전문위원)
펴낸이 홍석 | 이사 홍성우 | 편집부장 이정은 | 편집 박고은·조유진 | 디자인 권영은 | 외주 디자인 신미연
마케팅 이송희·한유리·이민재 | 관리 최우리·김정선·정원경·홍보람·조영행·김지혜
펴낸곳 도서출판 풀빛 | 등록 1979년 3월 6일 제2021- 000055호
주소 서울특별시 강서구 양천로 583 우림블루나인 A동 21층 2110호
전화 02-363-5995(영업) 02-362-8900(편집) | 팩스 070-4275-0445
전자우편 kids@pulbit.co.kr | 홈페이지 www.pulbit.co.kr
블로그 blog.naver.com/pulbitbooks | 인스타그램 instagram.com/pulbitkids

ISBN 979-11-6172-559-8 03330

*책값은 뒤표지에 표시되어 있습니다.
*파본이나 잘못된 책은 구입하신 곳에서 바꿔 드립니다.

비영리단체를 위한
현물기부 가이드북

정현경, 정낙섭, 김덕산, 김일석 지음

풀빛

PART 1 현물의 종류와 적용 법률

PART 2 현물기부 처리 절차

PART 3 현물기부가액

PART 4 품목별 사례

PART 5 투명한 모집 및 사용을 위한 기관의 준비

PART 6 Q&A로 알아보는 현물기부 • 100

우선 이 책에서 주로 사용하게 될 '현물'이라는 용어와 '현물기부'가 포함하는 범위를 일러두고자 한다.

보통, 금전을 제외한 물품을 '현물'[1]이라고 한다. 기부금품의 모집 및 사용에 관한 법률 제2조에서는 '기부금품'에 대해 '환영금품, 축하금품, 찬조금품(贊助金品) 등 그 명칭이 어떠하든 반대급부 없이 취급하는 금전이나 물품'이라고 정의하는데, 이때의 '물품'이 바로 현물이다.

'현물기부'는 비현금(non-cash)기부를 두루 일컫는 것으로, 식품이나 생필품과 같은 물품부터 교육이나 정보 제공 같은 서비스의 영역까지 포함하는 광범위한 개념[2]이다. 사회복지공동모금회에서는 현물기부를 '비현금 형태의 기부 품목 중 법적·도덕적으로 불건전한 물품, 사치품, 취급 주의를 요하는 식품이나 전문의약품, 손상되거나 이미 사용된 중고 물품을 제외한 모금회의 사업 범위에 부합하는 물품'으로 정의[3]하고 있다.

이 책의 핵심은 2장에서 다루는 '현물기부 처리 절차'이다. 현물을 모집하고 보고하기까지 일련의 과정을 현장에서 쉽게 적용할 수 있도록 '계획 → 제안 → 문의 응대 → 현물 수령 → 보관·분류 → 현물 사용(배분·판매) → 기부자 결과 보고 → 세법상 의무 사항 이행'이라는 순서로 구성했다. 뿐만 아니라 현물기부가액을 산정하는 방법과 품목에 따른 사례들 그리고 실제로 현장에서 실무를 처리하는 데 도움이 될 참고 양식을 별도로 구성해 전체적으로 각자의 조직에서 활용할 수 있는 최소한의 '현물기부 수령 정책'이 만들어질 수 있도록 했다.

---

1 국립국어원 표준국어대사전
2 권진·이상우. 2020. "한국 푸드뱅크 모델의 전파 가능성에 대한 탐색 : 몽골 푸드뱅크 사례를 중심으로". 『생명연구』. 55
3 사회복지공동모금회 나눔연구소. 2016. 『현물모금의 실태분석 및 개선방안 연구』

이 책의 모든 내용은 국내 법률에 의거한 것이다. 그러나 현물기부의 특성상 법률로 명확하게 해석이 되지 않거나, 혹은 합당한 기준을 적용하기 어려운 경우도 있었다. 이런 경우는 국세청의 질의 결과와 실제 현장에서 통용되는 보편적 기준을 근거로 하여 관련 내용을 소개했다.

이 책에서는 같은 개념의 용어를 하나로 통일하여 사용했는데, 정리하면 다음과 같다.

사용 용어	같은 개념의 용어
기부자(처)	후원(자), 기증(자)
현물	물품, 물건, 기부물품, 환영물품, 축하품, 찬조품
현물기부	물품기부
조직	기관, 단체
장부가액	공장도가, 생산 원가, 매입 원가

서문

해마다 연말이 되면 '기부'와 관련된 기사가 쏟아져 나온다. 그중에는 기부를 독려하거나 기부문화 확산을 목적으로 한 기사들도 있으며, 기부를 둘러싼 이해관계자들의 입장과 생각이 긍정적으로 혹은 부정적인 맥락으로 소개되기도 한다.

특히 '현물기부'와 관련해서는 현장에서 겪는 어려움을 조심스럽게 호소하기도 하고, 현물기부와 연계된 다양한 문제들, 예를 들어 소비 과잉, 생태 파괴, 환경 문제 등 실로 어마어마한 영역의 가치들까지 파헤치기도 한다. 결국 현물기부는 단순히 기부자와 모집 기관이 주고받는 것을 넘어서는 행위이며, 다양한 이해관계자가 연결된 생태계라 할 수 있다.

이 거대한 생태계를 모두 다루는 것은 현실적으로 불가능하다. 때문에 이 책에서도 현물기부와 연결된 광범위한 전체 체계를 다루지는 않았다. 또한 현물기부를 담당하는 실무자의 역할과 직무의 경계를 넘지 않으려고도 노력했다.

이러한 노력들이 얼핏 단순하고 쉬워 보일지도 모른다. 하지만 실제로 이 책을 쓰면서 가장 어려운 과정이기도 했다.

관련 내용을 설명하고 해석하기 위해서는 법과 세무를 포함해야 했고, 투명성과 신뢰성을 위해서는 회계, 행정, 관리 영역을 무시할 수 없었다. 그런데 이해관계자(처)들마다 입장이 달랐고, 그로 인해 파생된 법률 해석도 달랐다. 또한 비영리단체의 성격에 따른 적용 기준의 차이는 물론이고, 윤리와 도덕적 책무까지 다루어야 했다. 때문에 무엇을 포함하고 무엇을 포함하지 말아야 할지 우리는 고민했다. 그러면서도 '공익'을 위해 활동하는 우리가 지녀야 할 가치와 태도에 대해 소홀히 하지 않았다.

공익법인에서의 현물기부는 일반적인 현금기부와 달리 기부 유형이 다양하고, 적절한 가액을 평가하는 데 있어서 다음과 같은 몇 가지 어려움이 있을 수 있다.

첫째, 법과 회계 관련 용어들이 많고 그 해석 또한 공익법인 실무자와 기부자의 수준에서 이해하기 어렵다. 둘째, 현장에서는 일어나는 다양한 상황들이 관련 법령으로 명확하게 해석되지 않는다. 셋째, 주무관청의 관련 지침이 문서화되어 있지 않아 담당 공무원의 자의적인 법령 해석이 발생한다. 넷째, 문제가 생겼을 때 관련 전문가나 과세 관청, 주무관청의 해석이 다르거나 유권 해석을 받는 데 지나치게 시간이 많이 소요된다.

이 책에는 앞서 언급한 다양한 어려움에 대한 고민이 담겨 있다. 물론 모든 사안을 명료하게 해석하고 답변할 수는 없었다. 하지만 되도록 법 기준과 사회적 보편성에 근거하여 대안을 제시했다. 법 기준에 대한 부분은 한국공익법인협회 김덕산 공인회계사와 김일석 상임이사가, 투명성과 신뢰를 높이기 위한 현물기부 절차는 정낙섭, 정현경이 담당하였다.

이 책은 아름다운재단의 〈현물기부 이슈와 해결 방안 모색〉에서 출발하여 현물기부 활성화 방안을 모색하기 위해 모인 '현물기부 제도 개선 네트워크'에서 논의된 고민과 궁금증을 채우기 위해 애썼다. 부디 이 책이 현물을 기부받고 사용하는 비영리조직 활동가의 어려움을 해소하고 기부자와의 소통과 관계 증진을 이루는 데 도움이 되기를 바라는 마음이다. 필자들 역시 이를 통해 건강한 현물기부문화 확산에 이바지하고 싶다.

이 책은 완벽하지 않다. 그러나 누군가 걷기를 시작하지 않으면 길을 만들 수 없다는 마음으로 용기를 냈다.

정현경, 정낙섭, 김덕산, 김일석

건강한 기부문화는 좋은 질문에서 출발한다.

질문이 좋아야 기부자(처)와 기부물품에 대한 명확한 정보를 얻을 수 있으며, 현물기부 수령 과정에서 일어날 수 있는 단체의 어려움과 딜레마(수령 여부, 수령 방식, 환산가액, 증빙 서류 등)를 줄일 수 있고 수령 후 과도한 물품 보유, 증빙 서류 미비, 물품 사용의 부적합 등을 미리 예방할 수 있다.

기부자에게 확인해야 할 5가지 질문

1. 기부자(처)의 유형과 주요 인적 사항에 대해 질문한다.
기부자(처)의 유형에 따라 물품의 환산가액(가치 산정)의 적용법이 다르므로 매우 중요하다.

2. 기부물품에 대해 질문한다.
필요 물품, 필요량, 사용 계획 등 내부적으로 수령과 사용 기준이 세워져 있으면 불필요하거나 부적절한 기부물품 수령을 미리 방지할 수 있으며, 다른 기관과 연계를 제안하거나 거절하는 것도 가능하다.

3. 기부 환산가액 기준과 증빙 서류 가능 여부를 안내한다.
물품에 대한 기부 환산가액 적용 기준과 증빙 서류를 안내하고, 동의 및 서류 준비 여부를 확인한다.

4. 기부물품 사용에 대해 질문한다.
물품에 대한 단체의 계획을 알리고, 특별히 기부자가 원하는 사용처가 있는지에 대해 협의하고 동의하는 확인 절차가 필요하다.

5. 수령 방식에 대해 질문한다.
기부물품 수령이 확정되면 수령일과 수령 방법을 협의한다. 수령 과정에서 발생하는 물품 처리 및 포장 등 인력 지원과 경비 발생에 대해 사전에 예측하여 계획할 수 있다.

빅 퀘스천(Big Question, 근본 질문)

무엇을 받을 것인가? 무엇을 받지 말아야 할 것인가?

기부받기 어려운 현물을 결정하는 것

현물기부가 필요하거나 현물기부가 이루어지고 있는 기관이라면 근본적으로 스스로 묻고 확인해야 할 질문이 있다. 무엇을 받고 무엇을 받지 말아야 하는지, 우리 기관은 현물기부 수령 시 어떤 물품을 포함하고 배제하는지 합의하고 공유하는 약속이 필요하다. 기관의 '내부 규정'에는 구체적으로 품목을 열거하거나 특정 기한(제조 연월일, 유통기한 등)을 두고 물품 상태(오염, 훼손, 고장 등)를 구체적으로 언급할 필요가 있다. 그래야 현물기부가 이루어질 때 담당자들이 기부자를 이해시키고 자세히 안내할 수 있다.

그러나 아무리 많은 현물기부 수령 사례를 공유하고 합의한다 해도 예측하지 못한 일들이 생겨날 수 있다. 그럴 때마다 매번 합의하는 과정을 거치고 내부 규정을 세우는 작업을 반복적으로 해야 할까? 그건 녹록하지 않을 것이다. 그보다는 좀 더 본질적인 질문에 대한 지식과 지혜가 필요하다. '무엇을 받고 무엇을 받지 말아야 하느냐?'를 넘어서는 '빅 퀘스천(Big Question, 근본 질문)', 즉 본질을 묻는 질문, 우리를 불편하게 하는 질문, 변화를 위한 질문이 필요하다.

질문 1 기관의 미션과 비전에 부합하는 물품인가? 혹은 역행하는 물품인가?

아동 권리를 기관의 가치로 삼고 있는 조직이 아동 노동으로 만들어진 물품을 받는 것이 합당할까?

질문 2 공익적인 물품인가?

불법으로 취득한 장물이나 불법 복제품을 받는 것이 합당할까? 혹은 성인 용품(19금)은 가능할까?

질문3 대상자가 현물을 받을 때 정서적으로 또 다른 낙인이나 소외를 느낄 수 있는 물품인가?

유행이 한참 지났거나 필요하지 않은, 크기나 규격이 맞지 않는, 오염이나 훼손이 눈에 현저하게 보이는 물품은 아닌가?

질문4 직접 섭취하거나 몸에 바르는 물품일 경우, 유통기한과 제조 일자를 지킨 물품인가?

현물이 최종적으로 전달되는 곳은 바로 '사람'이다. 특히 식품류나 화장품류, 세제류는 유통기한과 제조 일자에 대한 엄격한 기준이 필요하다. 또한 의약품 등과 같은 물품의 기부는 사전에 해당 분야 전문가와 충분히 상담하여 결정해야 한다.

질문5 기부자(처)의 특정 의도가 담겨 있는 물품인가?

특정 이슈나 대상을 홍보하기 위한, 혹은 특정 리스크를 해결하기 위한 수단이 된다면 받아야 할까? 방송 순위를 높이기 위한 특정 가수의 CD, 세금 공제를 목적으로 한 시의성이 지난 물품이나, 규격과 사이즈가 일반적이지 않은 물품(옷 사이즈 44 나 SS, 신발 사이즈 225 등)을 대량으로 받고 처치 곤란하진 않았는가?

질문6 기관의 목적과 초기 계획에서 벗어난 물품이나 계획을 초과하는 수량에 대해 제한을 두고 있는가?

현물기부는 무조건 많이 받는 것보다 꼭 필요한 물품을 현명하게 받는 것이 더 중요하다.

이 여섯 가지 질문은 '현물기부 수령 및 배분 절차'의 모든 단계를 체계화시키고 기부자와의 소통에 있어서 정확한 정보와 안내를 할 수 있도록 도움을 준다. 그리고 무엇보다 중요한 것은, 본질을 묻는 질문과 답을 하는 과정을 기관에서 서로 공유하고 합의해 나감으로써 조직과 조직원들이 함께 성장할 수 있는 기회가 되기도 한다.

결국 이 질문들은 모든 비영리조직이 지향하는 가치를 지키는 비영리조직 활동가들이 지켜내야 할 자존심이기도 하다. 받을 물품과 받지 말아야 할 물품의 목록을 만드는 것도 필요하지만, 그보다는 본질을 묻는 질문에 대한 답을 기관에서 공유하고 합의하는 탐구 과정이 더 절실하다.

'현물'은 누가 어디에 어떻게 사용하느냐에 따라 개념과 범위가 달라질 수 있다. 적어도 '현물기부'에 대한 명확한 정의, 범위, 기준이 아직은 사회적으로 공유되지 않았기 때문에 유사 사례를 찾아 참고하거나 관련 전문가에게 의견을 구해야 한다.

PART 1

현물의 종류와 적용 법률

1. 현물의 종류

현물(現物)은 보통 경제나 복지 분야에서 '현금'과 대비되는 개념으로 사용되는, 우리에게는 매우 낯선 단어이다. '기부와 모금'의 측면으로 보면 기부자는 '물품을 기부한다.'고 하고 비영리조직에서는 '물품을 후원받는다.', '물품을 모집한다.'라고 한다. '기부금품의 모집 및 사용에 관한 법률'에서도 현금과 물건 혹은 물품을 합하여 '기부금품'이라 칭한다.

언제부터 '물품기부'를 대신하여 '현물기부', '현물 모집'이라는 말이 사용되었는지는 확인할 수 없으나 이와 관련된 연구 자료나 매뉴얼에는 주로 '현물'이라는 용어를 사용하고 있다.

'현물'의 정의에 대한 다양한 개념과 범위는 다음과 같다.

- 현물기부 : 비현금(Non-cash)기부를 총칭하는 개념으로 In-kind gift 또는 Product donation[4]이라 한다.
- 금전을 제외한 물품을 '현물'이라고 칭하는데, 현물기부는 비현금기부를 총칭하며 식품이나 생필품과 같은 물품에서부터 교육이나 정보 제공과 같은 서비스 영역까지 포함하는 광범위한 개념[5]이다.
- 비현금 형태의 기부 품목 중 법적·도덕적으로 불건전한 물품, 사치품, 취급 주의를 필요로 하는 식품이나 전문의약품, 손상되거나 이미 사용된 중고 물품을 제외한 '공동모금회의 사업 범위에 부합하는 물품'으로 정의[6]한다.

4　사회복지공동모금회 나눔연구소. 2016. 『현물모금의 실태분석 및 개선방안 연구』

5　권진·이상우. 2020. "한국 푸드뱅크 모델의 전파 가능성에 대한 탐색: 몽골 푸드뱅크 사례를 중심으로". 『생명연구』. 55

6　사회복지공동모금회 나눔연구소. 2016. 『현물모금의 실태분석 및 개선방안 연구』

- 기부금품의 모집 및 사용에 관한 법률 제2조 : '기부금품'은 환영금품, 축하금품, 찬조금품(贊助金品) 등 명칭이 어떠하든 반대급부 없이 취급하는 금전이나 물품을 의미한다.
- 재해구호법 제22조 : 의연금품이란 기부금품의 모집 및 사용에 관한 법률 제2조 제1호에 따른 기부금품 중 '재난 및 안전 관리 기본법' 제3조 제1호 가목에 따른 자연 재난으로 인한 피해의 구호를 위하여 반대급부 없이 취득하는 금전 또는 물품을 의미한다.
- 식품 등 기부 활성화에 관한 법률 제2조 : 식품이란 식품위생법 제2조 제1호에 따른 식품을 말한다. 1의 2. 생활용품이란 세제·세면용품 등 개인 위생 관리에 필요한 물품으로서 대통령령이 정하는 물품을 말한다. 2. 기부식품 등이란 생활이 어려운 자에게 지원할 목적으로 제공된 식품 등을 의미한다.
- 식품 등 기부 활성화에 관한 법률 제2조 제1호·제2호 및 식품위생법 제2조 제1호 : 기부식품 등이란 어려운 자에게 지원할 목적으로 제공된 식품 등(의약으로 섭취하는 것을 제외한 모든 음식물)을 말하며 농산물의 생산이나 유통 판매, 소비 중에 발생하는 음식을 의미한다.
- 공익법인회계기준에서 현물은 금전 외의 자산을 통칭[7]한다.
- 현물은 후원자들이 사회복지기관에 제공하는 다양한 물품 등을 의미[8]한다.

이상에서 본 것처럼 '현물'은 누가 어디에 어떻게 사용하느냐에 따라 개념과 범위가 달라질 수 있다. 따라서 '현물기부'에 대한 명확한 정의, 범위, 기준이 아직 사회적으로 공유되고 합의되지 않은 것 또한 확실하며 합의된 정의를 만들 수 있을지도 의문이다.

---

[7] 서울지방변호사회. 2019. 『NPO 법률지원 매뉴얼』
[8] 양용희. 2001. 『지역사회 자원개발 및 활용 : 지역사회 사회복지관을 중심으로』. 동작구 연합 직원세미나 자료.

이 책에서 중점적으로 다루는 '현물'은 다음과 같은 특징이 포함되는 것이다.

첫째, 현금과 대비되는 것
둘째, 가액 측정이 가능한 것
셋째, 소유권 이전이 명확한 것

위의 특징은 기부가액 측정과 관련된 것으로서 공익법인 입장에서는 '출연재산(기부금품)', 기부자 입장에서는 '세금 감면'에 대한 것이다. 그렇기 때문에 '현물기부'의 관련 법과 기준은 명확해야 한다. 법으로 모든 상황을 포괄하지 못할 경우, 사회 통념상 납득할 만한 근거가 마련되어야 한다.

그 대표적인 사례가 서비스나 용역을 기부하는 것이다. 현금과 대비되는 것임에도 불구하고 가액 측정이나 소유권 이전이 명확하지 않기에 사실상 기부금영수증 발급이 불가하다. 이 부분은 뒤에서 다시 다루도록 하겠다. 증권(채권, 상장·비상장 주식 등), 부동산, 미술품, 보석류, 특정 물품 컬렉션, 소장품, 지적 재산(저작권, 특허권 등)은 공정가액 평가와 관련하여 변호사, 회계사, 세무사와 같은 전문가의 조언이 있어야 하므로 이 책에서는 다루지 않는다.

2. 적용 법률

이 책은 다음과 같은 국내 법률과 연관되어 있다. 법률을 현장에 적용할 때 법 해석이나 적용에 어려움이 생기면 현물기부를 목적사업으로 하는 공익법인의 유사 사례를 찾아 참고하거나 관련 전문가에게 의견을 구하기 바란다.

■ 기부금품 모집 및 활용에 관한 법률

법률명	주요 내용	소관부처
기부금품의 모집 및 사용에 관한 법률(약칭 : 기부금품법)	기부금품의 모집 절차 및 사용 방법 등에 관하여 필요한 사항을 규정	행정안전부
식품 등 기부 활성화에 관한 법률(약칭 : 식품기부법)	식품 및 생활용품의 기부를 활성화하고 기부된 식품 등을 생활이 어려운 자에게 지원	보건복지부

■ 세법상 기부금에 관한 사항을 규정하는 법률

법률명	주요 내용	소관부처
법인세법	기부하는 법인의 기부가액 및 기부받는 법인의 취득가액, 기부금영수증 발급 등에 관한 사항, 기부금단체의 유형과 신청 방법, 기부금단체 의무 사항을 규정	기획재정부
소득세법	기부하는 개인 또는 개인사업자의 기부가액 및 기부받는 비영리민간단체 등의 취득가액, 기부금영수증 발급 등에 관한 사항, 기부금단체의 유형과 신청 방법을 규정	
상속세 및 증여세법	공익법인의 출연재산 평가 및 사후 관리 의무에 관한 사항을 규정	
부가가치세법	개인 및 법인의 무상 사용에 대한 과세가액 또는 면세가액에 관한 사항을 규정	
조세특례제한법	고향사랑 기부금 및 기부장려금 등에 관한 사항을 규정	
공익법인회계기준	공익법인 등의 회계 처리 및 재무제표를 작성하는 데 적용되는 기준에 관한 사항을 규정	

■ 비영리법인 및 공익법인 등의 운영에 관한 법률

법률명	주요 내용	소관부처
공익법인의 설립·운영에 관한 법률 (약칭 : 공익법인법)	공익법인의 설립·운영 등에 관한 민법의 규정을 보완하여 공익법인이 공익성을 유지하며 건전한 활동을 할 수 있도록 규정	법무부
공익신탁법	공익을 목적으로 하는 신탁의 설정·운영 및 감독 등에 대한 신탁법 특례를 정함	
사회복지사업법	사회복지사업에 관한 기본적 사항을 규정	보건복지부
비영리민간단체 지원법 (약칭 : 비영리단체법)	비영리민간단체의 등록과 운영 등에 관한 사항을 규정	행정안전부
문화유산과 자연환경 자산에 관한 국민신탁법 (약칭 : 문화유산신탁법)	문화유산 및 자연환경자산에 대한 민간의 자발적인 보전·관리활동을 촉진하기 위하여 문화유산 국민신탁 및 자연환경 국민신탁의 설립 및 운영 등에 관한 사항을 규정	환경부 문화재청
비영리법인 설립 및 감독에 관한 규칙	각 부처 소관 비영리법인의 설립 및 감독에 관하여 필요한 사항을 규정	각 행정부처

■ 기타 법률

법률명	주요 내용	소관부처
자원봉사 활동 기본법 (약칭 : 자원봉사법)	자원봉사 활동에 관한 기본적인 사항을 규정	행정안전부
개인정보 보호법	개인정보의 처리 및 보호 등에 관한 사항을 규정	개인정보보호위원회
정보통신망 이용 촉진 및 정보 보호 등에 관한 법률 (약칭 : 정보통신망법)	정보통신망의 이용을 촉진하고 정보통신 서비스를 이용하는 자를 보호함과 동시에 건전하게 이용할 수 있도록 조성	방송통신위원회
신용 정보의 이용 및 보호에 관한 법률 (약칭 : 신용정보법)	신용정보 관련 산업을 건전하게 육성하고 신용정보의 효율적 이용과 관리를 도모하며 사생활의 비밀 등을 보호	금융위원회

법정기부금 및 지정기부금 용어 사용

2020년 12월 22일 법인세법 제24조의 개정으로 법정기부금과 지정기부금 구분이 없어지고 '공익법인에 대한 기부금'으로 용어가 통일되었다. 그러나, 두 기부금은 세법 내에서는 공제 한도 및 의무 사항 이행과 관련하여 여전히 구분되고 있어 실무에 혼선을 초래하였다. 이에 따라 2022년 8월에 발표된 세법 개정안에는 2023년부터는 구(舊) 법정기부금은 '특례기부금'으로, 구(舊) 지정기부금은 '일반기부금'으로 새로이 구분하는 내용을 담고 있다. 이 책에서는 설명의 편의를 위하여 세법 개정 이전 용어인 '법정기부금'과 '지정기부금' 용어를 사용하고 있다.

2021년 특별 세액공제(한시적 추가 공제)

기부금 세액공제 한시 확대 조항

소득세법 제59조 4항에 의거, 소외 계층 지원을 통한 코로나19 극복 및 나눔 문화 확산을 위해 2021년 1월 1일부터 2022년 12월 31일까지에 한하여 한시적으로 기부금 세액공제율이 5% 상향 조정되었다.

세액공제 범위(지정기부금단체 기준)

2020년	2021년, 2022년 한시적 적용
□ 기부금 세액공제 공제율 • 기부금액 1천만 원 이하 : 15% • 기부금액 1천만 원 초과 : 30%	□ 2021년, 2022년 귀속 기부금 세액공제율 5% 한시 상향 • 기부금액 1천만 원 이하 : 15%+5%=20% • 기부금액 1천만 원 초과 : 30%+5%=35%

현물기부 처리 절차는 '계획 ⇨ 제안 ⇨ 문의 응대 ⇨ 현물 수령 ⇨ 보관·분류 ⇨ 현물 사용(배분·판매) ⇨ 기부자 결과 보고 ⇨ 세법상 의무 사항 이행'으로 모집부터 보고하기까지의 일련의 과정을 순서화하였다. 우리 단체는 단계별로 잘 이행하고 있는지 살펴봐야 한다.

PART 2

현물기부 처리 절차

현물기부 처리 절차[9]

계획	제안	문의 응대	현물 수령

보관·분류	현물 사용(배분·판매)	기부자 결과 보고	세법상 의무 사항 이행

현물기부 처리 절차

1 계획
기관에서 필요한 자원이 무엇인지를 계획해야 자원의 수용과 배분에 대해 예측하고 준비할 수 있다.

2 제안
기관의 목적사업 수행을 위해 사용할 자원을 적절한 대상에게 제안할 수 있는 역량을 갖춘다.

3 문의 응대
현물기부에 대한 명확한 절차나 정보는 기부자와의 건강한 소통을 가능하게 한다.

4 현물 수령
기부받는 현물의 상태와 수량 파악 등의 검수 절차는 자원의 선순환과 건전한 기부문화 확산에 기여한다.

5 보관·분류
물품의 보관과 분류는 실무자의 효율적인 업무 처리에 영향을 준다.

6 현물 사용(배분·판매)
배분 기준과 원칙을 통해 자원을 공평하고 시의적절하게 지원한다.

7 기부자 결과 보고
기부자(단체나 기업)의 요청에 의한 결과 보고를 포함하여 물품 기부 수령과 배분에 대한 결과 보고는 수행 기관의 의무이다.

8 세법상 의무 사항 이행
법이나 내부 규정에 의한 기록, 등록, 허가, 신고, 게시, 발급 사항을 철저하게 지킨다.

9 '현물기부 처리 절차'는 아름다운재단 기부문화연구소 [현물기부QnA] '현물기부의 수령과 배분 절차'를 수정·보완한 것임.

1. 계획

기관에서 필요 자원에 대한 계획을 세우고 기부를 받고자 하는 자원을 기록하자. 내부적으로 필요 자원에 대한 계획이 수립되어 있다면 보다 체계적인 자원 개발과 배분이 이루어질 수 있다. 각 부서별 혹은 팀별로 필요 자원을 파악하고 이미 보유하고 있는 자원을 공유하면 우리 조직에 무엇이 더 필요한지가 선명해진다.

📇 수립

- 기관 목적사업과 배분 대상자의 욕구에 맞는 계획을 수립한다.
- 연간 필요 자원 품목, 용도, 양을 파악하고 혹여 보관하고 있는 것이 있는지 확인한다.
- 기관 부서별, 팀별 필요 자원을 사전에 접수한 후 협의하여 계획한다.
- 지역사회나 유관 단체의 네트워크를 이용하여 자원을 확보할 수도 있다. 이를 위해 정기적으로 네트워크 모임에 참석하여 자원 정보를 파악하는 것이 좋다.
- 공모사업 신청 혹은 재단, 기업, 단체를 통해 필요한 자원을 공급받을 수 있으므로 공모사업 정보를 확인하고 정리해 두는 것이 좋다.

📇 자원 목록 작성

- 필요 자원에 대해 계획하기 위해 기관 부서별, 팀별 사전 협의가 중요하다. 협의를 위한 자원 목록 작성의 예는 다음과 같다.

필요 시기	부서	주 사용자	물품	필요 수량	구분	기부자 (처)	담당자	연락처	요청 시기	주 접촉자	비고
연중	생활팀	이용인	기저귀	100개	기존	다모아 유통	김빛나	02- 000- 0000	매년 2월	김정남	전화만 가능

4월	사회 재활팀	이용인 및 자원 봉사자	생수	100병	신규	다팔아 슈퍼	송영광	010- 000- 0000	2월부터 준비	이철호	방문
9월	사회 재활팀	지역 저소득 지원	송편	300가구	신규	신규 발굴 필요			2월부터 준비	박순영	지역사회 네트워크 확인

💡 점검해 봅시다

✔ 우리 기관은 특정 현물 지원에 대한 사용 계획(바자회 등)이 수립되어 있나요?

✔ 우리 기관에서 필요한 자원이 무엇인지 정리되어 있나요?

✔ 최근 3년 동안 정기적으로 현물기부를 하는 기부자(처)가 무엇을, 왜, 얼마나 기부하는지 정리되어 있나요?

2. 제안

기관의 목적사업을 위해 혹은 긴급하게 사용되어야 할 물품들이 있는 경우 제안을 할 필요가 있다. 이 경우 기관에서 필요한 물품에 대해 초기 계획이 잘 수립되어야 하며, 긴급하게 사용되어야 할 물품이 발생할 경우 목적, 대상, 필요 수량을 정확하게 파악하여 제시해야 한다.

📇 제안 대상
- 필요한 물품을 생산, 제조, 유통하는 기업을 찾는다(예 : ○○기업).
- 필요한 물품을 취급하는 기업이나 단체가 속한 연합체를 찾는다(예 : 전국커피협회).
- 지역 상가 등 물품이 유통되는 커뮤니티를 찾는다(예 : 열매동 농수산물시장 상인회).
- 1차 배분 기관(예 : 공동모금회, 푸드뱅크, 유관 단체 등)의 물품에 대한 정보나 배분 사업이 이루어지고 있는 곳을 찾는다.
- 지역사회 네트워크를 활용한다.
- 정기적으로 물품을 배분하는 기업이나 단체 등 공모사업 정보를 미리 정리해 둔다(예 : 아모레퍼시픽, 아워홈, 푸드머스 등).

📇 제안 방법
- 특정 사업과 관련하여 제안 형식이 정해진 곳일 경우에는 제시된 양식에 의거해 사업 계획을 작성하여 배분받는다.

  > 예 : 2022 희망온돌 따뜻한 겨울나기 사업
  > 서울사회복지공동모금회와 서울시의 '민·관 공동 협력 사업'. 지역 내 저소득 계층 지원을 위한 재원 확보, 지역 주민의 참여를 통한 지역사회 문제 해결을 목적으로 매년 진행됨.

- 공모를 통해 정기적으로 물품을 지원하는 기업이나 재단의 경우 시기와 절차, 지원 기준, 주의 사항 등을 확인 후 신청한다.

예 : 아모레퍼시픽 아리따운 물품나눔 지원 안내

- 기본적으로 지원을 요청할 대상 기업과 단체에 대한 사전 정보와 이해가 필요하다. 나눔에 대한 이력을 확인하고 왜 기부를 받고 싶은지에 대한 목적과 목표, 현 상황을 제안서에 명확하게 기재해야 한다. 배분 대상과 집행 계획에 대한 부분도 꼼꼼히 작성하며, 기관 소개와 연락처도 명기한다.

💡 점검해 봅시다

✔ 물품 관련 공유, 배분을 협력할 수 있는 네트워크가 구축되어 있나요?
✔ 1차 배분 기관과의 네트워크가 잘 이루어지고 있나요?
✔ 물품 지원 관련 공모사업 정보를 정기적으로 정리하고 있나요?
✔ 제안 과정(제안서 작성, 신청, 선정 등)을 직접 경험해 볼 것을 권합니다.

3. 문의 응대

물품을 기부하고자 하는 기부자에게 확인하고 안내해야 할 사항들을 체크 리스트로 만들어 상담 시 꼼꼼히 확인한다면 불필요한 오해를 줄일 수 있으며, 자발적인 기부 의사 결정에 도움을 줄 수 있다.

🗂 용도 확인

기부하고자 하는 현물이 필요한 사업을 구체적으로 설명해야 한다. '특정 대상자(장애인, 노인, 아동 등)에게 사용됩니다.'도 맞는 표현이지만 보다 구체적인 목적을 사업명이나 프로그램명에 표시하면 기부자가 이해하는 데 도움이 된다. 예를 들어 '저소득 어르신을 위한 건강식 지원에 기부자님이 기부하신 쌀이 사용됩니다.'와 같이 설명한다.

물론 모든 현물기부가 이렇게 기관의 사업과 맞아떨어지지는 않는다. 그러나 특정 목적을 위한 물품도 필요하지만, 일상적으로 필요한 물품도 있다.

기부 물품은 크게 지정기부물품과 비지정기부물품으로 구분할 수 있다.

- 지정기부물품 : 기부자가 원하는 구체적인 사용처나 조건을 포함해 기부하는 것
- 비지정기부물품 : 단체가 목적사업에 맞게 사용하도록 기부하는 것
  ※기탁서에 지정기부와 비지정기부에 대한 부분을 꼭 명기한다.

지정기부물품의 경우, 기관에서 운영하는 목적사업을 기반으로 단위 사업과 특정 절기 사업을 안내하면 기부자가 선택하기 더 편해진다.

- 홀로 사는 어르신 지원 사업 : 지역사회 내 홀로 사는 어르신에게 지원되는 물품
- 따뜻한 명절 함께하기 지원 사업 : 저소득 이웃을 위한 명절 음식, 선물에 사용되는 물품
- 여름나기 사업 : 혹서기 냉방 물품 지원에 사용되는 물품

🗂 기부처 확인 사항

▶ 기부자(처) 유형

기부자(처)의 유형에 따라 근거 법률이 달라진다. 법인세법, 소득세법에 따라 물품의 환산가액(가치 산정)이 다르게 적용되므로 기부자(처)의 유형 확인은 매우 중요하다.

▶ 물품 확인

• 물품의 종류 : 가전제품, 의류, 생필품, 식품 등 기부물품의 종류를 확인한다. 내부적으로 수령이 어려운 기부물품 유형도 정하여 안내한다.

• 물품 상태 : 신제품, 재고품, 중고품 여부를 확인하고 보관 시나 유통 과정에서 발생한 손상이 있는지 질문해야 한다. 실제 수령 시 손상의 정도가 심하면 받을 수 없다고 안내한다. 만약 필요 없는 물품이거나 내부 규정상 중고 물품을 받지 않는다면 지역 내 중고 물품을 기부받는 단체(아름다운가게, 굿윌스토어 등)를 안내한다.

• 물품 포장 단위 : 물품 수량과 부피를 확인한다. 특히 식품의 경우, 보관 상태를 확인한다.

• 사용 및 유통기한 : 기부받을 물품이 식품인 경우 특히 꼼꼼히 확인해야 한다. 신선식품의 기부 시점과 입고 시점이 다른 경우, 논의 단계에서 신중하게 결정해야 한다. 사용 및 유통기한에 대한 내부 규정이 있으면 보다 신속하게 결정할 수 있다.

▶ 물품 사용 계획 및 의향 확인

수혜자에게 직접 지원, 바자회 판매, 행사용 지원, 단체 직원 지원, 자원봉사자 지원 등 기부물품의 사용 용도를 명확하게 안내하며 '현물기부 기탁서'에 별도 항목을 만들어 동의를 받는다. 사용 후 물품이 남는 경우 다른 기관에 배분하거나 판매할지, 아니면 불용 처리할지에 대한 부분도 확인을 받으면 더욱 확실하다.

▶ 물품 수령 방식

물품 수령 방법은 기부자(처)가 직접 단체에 방문하여 지원하는 방법과 기부자(처)가 지정하는 장소에서 단체가 수령하는 방법이 있다. 전문 운반 용역이나 택배를 이용하는 경우 배송비가 발생하는데, 경비는 단체의 상황에 따라 기부자가 부담하기도 하고 단체가 부담하기도 한다. 물품 배송에 따른 경비를 기부자(처)가 부담하고 해당 비용을 기부금으로 처리하는 경우도 있다. 최근에는 지게차 등 물류 이송 장비를 이용하여 현물을 기부하는 사례가 증가하고 있으며, 팔레트 방식으로 대량의 물품을 기부받는 경우 필요한 장비 등을 미리 파악해 두는 것이 좋다.

▶ 기부자의 요구 사항

물품기부를 기념하거나 홍보하기 위해 사진 촬영, 행사 참여, 대상자 직접 전달 등을 기부자(처)가 요구할 수 있다. 이 경우 가능 여부와 범위를 사전에 협의하는 것이 좋다.

🗂 안내 사항

▶ 현물기부 절차 및 배분

전반적인 현물기부 절차와 기부된 물품의 사용 계획을 안내한다.

▶ 기부자(처)의 정보 확인

기부자(처)의 일반적인 사항을 확인한다. 개인의 경우, 성명, 연락처, 주소, 주민등록 번호(기부금영수증 발급이 필요한 경우)를 확인한다. 업체의 경우, 상호, 담당자, 연락처, 주소를 확인하고, 기부금영수증 발급을 원하는 경우 사업자등록증을 받는다. 모든 기부자가 기부금영수증 발급을 원하지는 않으므로 사전에 기부금영수증 발급 여부를 확인하고 필요한 사항을 안내한다.

▶ 증빙 서류

기부가액 산정을 증명할 수 있는 서류와 작성 양식을 안내한다.

▶ 수령 방식 안내

수령 가능 시기와 방식을 안내하고 혹여 배송 비용이 발생할 경우 비용 부담에 대한 안내를 한다.

▶ 기탁서 작성

현물기부를 약속하는 기탁서에 대해 안내한다.

▶ 기부금영수증 발급

기부금영수증 발급 절차와 발급 시기 등을 안내한다.

🗂 현물 접수 불가 품목

현물기부 시 무엇을 받을 것인가를 정하는 것도 필요하지만 무엇을 받지 않을 것인가를 결정하는 것도 매우 중요하다. 품목, 사용 기한 또는 배분 기한 등에 따라 정할 수 있다.

[예시] **현물 접수 불가 물품**

- 기부문화 확산에 저해된다고 판단되는 물품

- 사회 통념상 공익적이지 않다고 판단되는 물품

- 조직의 미션·비전이나 목적사업 취지에 맞지 않는다고 판단되는 물품

- 물품의 상태나 가격 측정이 어렵다고 판단되는 물품

- 유효 기간, 유통기한 등 모집 기간과 사용 기한에서 벗어난 물품

[사례1] **2022 희망온돌 따뜻한 겨울나기 사업 안내 – 접수 불가 물품**

항목	예시	비고
1) 중고 물품 또는 손상된 물품	– 구입한 지 1년 된 잘 나오는 TV – 한 번 쓴 냄비 – 폐업 후 쓰던 물품(접시, 컵 등)	단, 중고품 사업자로부터 중고 상품을 구입하여 환가 증빙이 가능한 경우에는 가능
2) 직접 제공하는 무형의 서비스	– 이·미용 서비스, 도배 인건비 – 병원 진료비 – 학원 수강권 등	
3) 특정 장소에서만 사용 가능한 쿠폰	– 광화문 ○○편의점에서 발행하여 해당 지점에서만 사용 가능한 쿠폰 – 특정 지점의 홍보용 상품권 등	– 시중에서 판매, 유통되는 상품권은 접수 가능 – 놀이공원 입장권, 공연 티켓 등 전국 단위로 판매되는 유가증권은 접수 가능
4) 기부받은 물품	– 복지기관이 과거 기부받은 물품을 다시 현물기부 처리하는 경우 등	
5) 사치성 물품	– 보석, 귀금속 제품 등	– 사회 통념상 사치성 품목으로 판단되는 물품
6) 유효 기간이 확보되지 않은 물품	– 유효 기간이 지난 식품 및 의약품 – 유효 기간이 임박한 화장품 등	– 접수 가능 유효 기간은 최소 3개월 이상 – 물품의 사용 목적을 고려하여 판단 가능 – 식사 제공은 당일 배분이 이루어져야 함
7) 관련 인증 기관의 허가를 득하지 못한 물품	– 인증을 받지 못한 의약품 – 자체 제조한 한약, 건강보조식품 등	
8) 접수 가능 물품이라도 지급 조서(인수 확인자 목록, 인수·검수 확인증)를 받을 수 없으면 접수 불가		
9) 장물 또는 소송에 계류 중이거나 채권·채무 등의 문제로 법적인 다툼이 있는 물품		
10) 총, 칼 등 법령상 금지된 행위에 이용될 수 있는 물품		
11) 마약, 술, 담배 등 사회 통념상 불건전하거나 국민의 건강을 심각히 해칠 우려가 있다고 판단되는 물품		
12) 기타 사업 취지에 맞지 않다고 판단되는 물품		

※ 이 사례는 배분을 목적으로 하는 사회복지기관의 기준이므로 재사용 순환 사업을 하는 기관 기준에는 적합하지 않을 수 있다.

사례2 아름다운가게 물품기부 안내 – 어떤 물건을 기부해야 할까요?

	가능 품목 😊	불가능 품목 😟
의류	• 깨끗한 성인, 아동 의류	• 사용한 의류(속옷, 내의, 잠옷, 양말, 수영복) • 일부 대량 물품의 경우 논의 필요
생활·주방 잡화	• 주방 용품(식기류, 냄비, 미사용 수저세트), 유리/플라스틱 그릇, 도자기 그릇 • 커튼류(새 제품), 침구류(새 제품), 무릎 담요/방석(미사용 또는 오염이 없는 깨끗한 상태) • 미개봉 식품류, 생활 세제(미개봉& 유통기한 6개월 이상) • 악기류(바이올린, 첼로, 기타 등) • 소형 가구, 소형 운동 기구(1인 운반 가능), 자전거	• 카펫, 리빙 박스, 대나무 돗자리, 대형 화분(30cm 이상) • 전신 거울, 빨래 건조대, 사무용 의자, 오디오/CD 장식장 • 일회용품, 교자상, 대형 운동 기구, 스키/볼링 용품, 옷걸이 • 어항/수족관, 관악기류, 의료 기기(목발, 변기, 침대, 보행 보조기 등) • 인화성 물품, 가스 오븐 • 개봉 유통기한 6개월 미만 건강보조식품 • 냉장 보관이 필요한 물품
패션 잡화	• 가방, 신발, 안경, 선글라스, 시계 • 액세서리, 지갑, 벨트, 파우치, 머플러, 스카프, 모자, 장갑 • 향수, 화장품(미개봉, 유통기한 6개월 이상)	• 수제, 수공예품(향초, 비누, 인형, 액세서리) • 개봉 유통기한 6개월 미만 화장품
가전	• 최근 7년 이내 소형 가전(믹서기, 커피 메이커/포트, 토스트기, 다리미, 헤어드라이어, 소형 안마기) • 전기 스토브, 제습기, 전자레인지 • 미개봉 위생 가전(청소기, 공기 청정기, 가습기, 음식물 처리기)	• 카시트, 유모차, 쏘서, 바운서, 보행기, 유아 식탁 • 영유아용품(변기, 욕조, 젖병 소독기, 유축기, 치발기) • 유아 교구, 원목 블록, 볼풀 공, 유아 텐트 • 매트, 범퍼 침대, 유아용 침대, 미끄럼틀, 주방 놀이 • 인라인, 킥보드, 전동 자동차
디지털 기기	• 모니터, 태블릿, 노트북, 데스크톱(저장 장치 포맷) • 미개봉 디지털 기기(프린터, 스캐너, 복합기)	• 제조 연도 7년 초과한 제품 • 사용한 디지털 기기(프린터, 스캐너, 복합기)
도서·음반	• 일반 단행본, 최근 7년 이내 출간한 아동 도서 • LP(국내외)	• 훼손, 변색, 낙서가 있는 도서 • 학습지, 수험서, 참고서, 문제집, 전공 서적 • 교과서, 어학/백과사전 • 종교 서적, 만화책, 월간지, 외국 원서 • 성인 도서, 불법 복제 도서 • CD, DVD, 비디오, 카세트테이프

사례3 생활용품별 모집 가능 기한 및 배분 기한(사용 기한이 표기된 물품에 한함)

출처 : 2022 서울시 푸드뱅크·마켓 업무 매뉴얼

구분	종류	모집 가능 기한	사용 기한에 따른 이용자 배분 기한	
			개인	사회복지시설·단체
세제류	세면용 세제, 샴푸, 린스	최소 90일 이전	최소 30일 이전	최소 15일 이전
	세탁용 세제, 주방용 세제, 욕실용 세제	최소 60일 이전		
휴지류	화장지	최소 60일 이전		
	물휴지	최소 90일 이전		
수건류	수건, 종이 수건, 손수건, 행주	최소 60일 이전		
기저귀류	유아용 기저귀, 성인용 기저귀	최소 60일 이전		
신체 위생 용품류	치약, 칫솔, 구강 세정제	최소 90일 이전		
	머리빗, 면도 용품, 손톱깎이	최소 60일 이전		
여성 위생 용품류	생리대	최소 90일 이전		
청소·환경 위생 용품류	고무장갑, 걸레, 빗자루, 쓰레받기, 쓰레기통, 수세미	최소 60일 이전		
	가정용 살충제	최소 90일 이전		

*   사용 기한이 표기되지 아니한 물품은 반드시 관능검사 필요

** 개인 이용자를 중심으로 배분하는 사업장이라도 배분 기한 내에 개인 이용자에게 배분하지 못했을 경우에는
     사회복지시설·단체로 즉시 배분하거나, 즉시 배분할 수 있는 인근 자치구 사업장으로 이관

⊟ 거절이 아닌 안내

2019년 아름다운재단의 조사 결과[10]를 보면 수요가 없는 물품이나 유통기한이 짧아서 받기 어려운 물품 등을 주는 기부자(처)에게 거절하는 것에 대한 현장의 고민을 알 수 있다. 왜 거절할 수 없냐고 반문할 수도 있으나 기부자와의 관계나 기부자의 선한 마음에 혹여 상처가 될까 하는 나름의 고충이 있다.

> "딱히 필요하지도 않은 물품을 기부하신다는 분들이 계십니다.
> 받고 나면 기관에 쌓이거나 다른 곳에 배분해야 하는 번거로움이 뻔합니다.
> 그렇다고 거절을 하자니 왠지 기회를 놓치는 것 같고……
> 이 경우, 어떻게 하는 것이 가장 좋을까요?"

- 필요 없는 물품이나 필요 이상으로 많은 수량을 받게 되는 경우
- 물품의 유통기한이 임박하여 적절하게 사용하기 어려운 경우
- 물품이 훼손 및 파손되어 온 경우
- 물품이 제 가치를 발휘하지 못할 것이라고 예측되는 경우
- 폐기물 처리 비용으로 이어지는 경우
- 부적절한 물품 수령으로 물품 보관이나 관리 및 처리를 위한 인력이 필요하거나 비용이 발생하는 경우
- 보관 장소가 부족하거나 보관 비용이 발생하는 경우
- 물품 수령 시 과다한 비용이나 인력이 투입되어야 하는 경우

현물기부를 거절해야 하는 상황이 있다. 필요 없는 물품을 받는 경우, 필요 이상으로 많은 수량을 받게 되는 경우, 물품의 유통기한이 임박하여 사용과 배분이 어려운 경우, 내구연한이 다 되었거나 물품 상태가 좋지 않은 경우(곰팡이, 고장, 낡음 등)가 대표적이다.

그러나 거절할 수 없는 이유도 있다. 현금기부로 이어질지도 모른다는 기대, 기부자와의 장기적인 관계 유지, 기관 이미지 타격 가능성(배부른 기관, 기부를 골라 받는 기관 등) 등이 대표적이다. 기부 상담 내용과 실제 물품이 다르거나 품질이 떨어지는 물품이 정상 물품과 섞여 있는 경우도 있다.

이때 기부받는 조직에 필요한 것이 생각의 전환이다. '거절'보다는 '안내'의 입장에

---

10 아름다운재단 현물기부 제도개선네트워크. 2019. 『현물기부 이슈와 해결방안 모색』

서 해야 할 일을 준비하는 것이다. 우선 기부자와의 초기 상담 과정에서 조직의 현물기부 모집 기준을 알려 준다. 어떤 물품을 기부받을 수 있는지, 물품의 상태와 부피, 유통기한의 기준은 무엇인지, 수령 방법과 보관, 배분에 대한 기부자의 의향을 확인한다. 자신들의 조직에 필요하지 않은 물품이라면 더 가치 있게 사용될 수 있는 다른 기관을 안내하거나 정보를 주면 기부자와 더 좋은 관계를 유지할 수 있다. 이러한 연결을 위해서는 지역사회나 유관 기관과의 물품 활용 네트워크를 구축하여 자원의 공유가 이루어질 수 있도록 해야 한다.

참고 현물기부와 관련된 다양한 공익 활동 조직

구분	상호	설명
식품 및 생활용품 기부	1688 1377 푸드뱅크 FOOD BANK	푸드뱅크는 기업 및 개인으로부터 식품 및 생활용품을 기부받아 결식아동, 독거노인 등 저소득 소외 계층에게 지원한다. www.foodbank1377.org 1688-1377
중고 물품 및 기업 물품기부	🌸 아름다운가게	아름다운가게는 '모두가 함께하는 나눔과 순환의 아름다운 세상 만들기'라는 미션을 기반으로 기증받은 용품을 판매하여 국내·외 소외 계층의 지속적인 생활 지원뿐만 아니라 건강한 공동체를 유지하기 위한 다양한 나눔 사업을 시행하고 있다. https://www.beautifulstore.org/ 1577-1113
	goodwill 굿윌스토어 Goodwill Store	굿윌스토어는 '장애인의 선한 일터'라는 슬로건으로 중고 물품 및 기업 물품을 판매하여 장애인 일자리 창출 목적사업을 하고 있다. https://goodwillstore.org/ 1533-0091
	THE SALVATION ARMY 구세군희망나누미	구세군희망나누미는 기증품을 판매한 수익금으로 지역 내 어려운 이웃과 알코올 및 알코올 중독인 가정의 지원 및 구세군 복지 사업을 위해 운영되고 있다. https://www.nanumistore.org/ 1588-1327

| 정장 기부 | | 열린옷장은 '누구나 멋질 권리가 있는 정장 공유 옷장'이라는 슬로건으로 정장을 구매하기 어려운 이들에게 결혼 정장(결혼식 정장, 웨딩 촬영 정장, 혼주 정장, 하객 정장), 취업 준비생에게 정장을 대여해 주는 사업을 한다.

https://theopencloset.net/
02-6929-1020 |

 점검해 봅시다

✔ 현물기부 상담에 필요한 기관의 안내문이 준비되어 있나요?

✔ 안내문에는 현물기부 수령과 배분에 필요한 구체적인 절차가 빠짐없이 구성되어 있나요?

✔ 조직과 담당자는 현물기부와 관련된 안내를 숙지하고 있나요?

4. 현물 수령

현물 수령 시 물품 확인 절차는 매우 중요하다. 물품 상태와 수량을 확인하고, 이월 제품이나 중고 물품일 경우에는 오염이나 훼손 여부를 기부자와 함께 확인해야 한다.

🗂 기부물품 검수 시 확인 사항

- 물품의 상태(신제품, 이월 제품의 규격이나 색상 등) 확인
- 중고 물품인 경우, 낡음이나 훼손, 오염 정도를 확인
- 수량 확인(대량 포장일 경우 포장 단위별 개수 등)
- 전체 사진과 부분 사진 촬영
- 인수증 확인

🗂 물품 수령 시 주의 사항

- 현물 수령 시, 초기 상담했던 내용 중 물품 사용에 대한 기부자의 의도를 다시 한번 확인한다.
- 실제 수령한 물품이 상담 내용과 다를 경우, 기부자(처)에게 정중히 거절한다. 이런 경우가 생기지 않도록 미리 물품 상태 사진을 받아 두는 것이 좋다.
- 되도록 담당자가 수령하며, 별도의 지원 인력이 수령하더라도 기관의 브로슈어나 소식지, 기념품을 준비하면 좋다.
- 현물 수령 시 목장갑, 칼, 박스테이프, 이동용 끌차가 필요하며, 포장 단위가 크거나 포장 상태가 불량할 경우를 대비하여 종이 박스를 준비해 가면 유용하다.
- 우천 시를 대비하여 바닥 깔개나 비닐 덮개를 준비한다.
- 택배나 용달 비용이 발생할 경우, 누가 비용을 부담할 것인지를 명확히 한다. 수탁 기관에서 지출할 경우에는 관리 운영비 등과 같은 항목으로 경비 처리하고, 기부자가 부담하는 경우에는 기부금영수증 발행이 가능하다.

☐ 물품 등록(사회복지기관의 경우이며, 이 작업은 수령 이후 보관 시 진행할 수 있음)

• 조직의 행정 절차를 기준으로 등록 처리한다.

• 사회복지기관의 경우는 사회보장정보시스템에 등록한다.

Q 사회복지기관은 사회보장정보시스템에 후원금품에 대한 사항을 입력합니다. 개인, 기업, 단체, 재배분 등 매우 다양한 주체를 통해 후원금품을 받고 있는데 후원물품 입출고 입력과 관련하여 지역 단체에서 기부물품을 받을 경우 '지역사회 후원금'과 '민간단체 보조금' 중 어느 쪽으로 입력해야 할까요?

A 기관 내부적으로 일정한 기준을 세우고, 이 기준이 과거, 현재, 미래에 일관되게 적용되도록 한다.

사회보장정보시스템은 사회복지법인 및 시설의 회계·인사·급여·후원금 관리 등 업무를 전자적으로 처리하고, 희망이음[11]과 연계하여 각종 온라인 보고를 처리할 수 있는 사회복지시설 통합 업무 관리 시스템을 말한다. 이 시스템의 '후원 관리' 분야 중 '후원금 종류'는 다음과 같다.

> 〈후원금 종류 구분〉
> • 민간단체 보조 금품 : 국내 민간단체로부터 받은 보조 금품
> • 외원 단체 보조 금품 : 외국 민간 원조단체로부터 받은 보조 금품
> • 결연 후원금품 : 아동, 노인 등 시설 거주자에 대한 결연 후원금품
> • 법인 임원 후원금품 : 법인 임원으로부터 받은 후원금품 및 찬조금품
> • 지역사회 후원금품 : 지역사회로부터 받은 위문금품 및 후원금품
> • 후원회 지급 금품 : 법인의 후원회로부터 받은 지급 금품
> • 자선 모금품 : 자선 바자회 등으로부터 얻어지는 수입 금품
> • 기타 후원금품 : 행정 기관의 시설 위문금 등 후원금품

> ✔ 현물 수령 시 확인 사항과 검수 내용은 무엇인지 알고 있나요?
> ✔ 물품 검수 후 기부자(처)에게 제공하는 인수증이 준비되어 있나요?

---

11 사회보장정보시스템, 사회서비스전자바우처시스템, 아동 및 장애인 등 개별 시스템이 통합되어 '희 망이음'으로 개편됨.

5. 보관·분류

기부물품은 운반하기 쉬운 박스로 정리하고 겉면에 품목별로 입고 일시, 유통기한, 사용 용도나 기부자가 지정한 사업명을 기재하고 분류한다. 또한 기부자가 요청하는 경우 상표 제거 또는 특정 표시 및 포장과 같은 작업을 할 수도 있다. 정기적으로 현물 재고 목록을 기록하고 보완하도록 한다.

📦 박스의 규격화 및 사용 방법

- 물품 보관 및 이동의 편의를 위해 규격화된 분류 박스를 이용한다.
- 물품별 구역을 정해 보관하되, 식품 등과 같이 특별한 보관이 필요한 경우 보관 규칙과 주의 사항에 맞게 세심한 주의를 기울인다.
- 보관 박스에 물품에 대한 상세한 사항을 기록하면 내부를 일일이 확인하는 번거로움을 피할 수 있다.
- 규격화된 분류 박스를 따로 제작하지 않을 경우 시중에서 구할 수 있는 일반 박스로 대체하되 되도록 유사한 부피의 박스를 사용한다.

■ 분류 박스 표기의 예

품목	의류 / 하의 / 청바지		
규격	성인용, 아동용, 사이즈 등	수량	
입고 일자		유통기한	
물품 상태	상·중·하 (물품 상태에 대해 기록)		
지정 사용처	아동 지원 후 잔여 물품 바자회 사용 가능		
기부자 요구 사항	배분이나 판매 시 회사 라벨 제거		
재고 사항	현재 _____ 개 / 년 월 일 기준		

※물품을 의류, 생필품, 식품, 가전제품, 기타 등으로 분류할 수 있다.

📂 현물 재고 목록

번호	분류	품목	세부	입고일	수량	산정가	내구연한	사용처	사용일	사용수량	잔여수량	비고
1	의류	하의	청바지	22. 10. 10.	1,000	2,000	해당없음	저소득가구지원	12월 24일	500	500	넓은 통바지이며 오랜 보관으로 낡음

💡 점검해 봅시다

✔ 기관에서 사용하는 규격화된 분류 박스가 있나요?

✔ 물품별로 구분이 되도록 구역이 정해져 있나요?

✔ 박스별 품목에 대한 상세 사항이 기록되어 있나요?

✔ 식품 등과 같은 특정 물품을 보관할 경우 보관 시 주의해야 할 사항이 명기되어 있나요?
  그리고 그 방식대로 보관되어 있나요?

✔ 기부자가 특별히 요구하는 사항이 기록되어 있나요?

✔ 현물 재고 목록은 정기적으로 기록하고 있나요?

6. 현물 사용(배분·판매)

기부받은 현물을 잘 쓰기 위해서는 내부적으로 계획한 기준과 기부자의 의도에 맞게 쓰는 것이 중요하다. 현물의 사용은 크게 배분, 판매, 기관 내부 사용으로 나눌 수 있다.

🗂 배분(재기부 포함)

배분은 수혜자를 대상으로 배분하는 방법과 타 기관으로 재기부 후 배분하는 방법이 있다. 기관의 현물 배분 규정에 의해 배분하고 특별한 경우 배분 회의를 통해 실행한다. 배분 규정에 포함하거나 배분 시 주의해야 할 내용은 다음과 같다.

- 기관의 현물 배분 규정에 배분 목적, 대상자 선정, 배분 기준, 배분 절차에 대한 규칙, 배분 시 필요한 증빙, 배분 위원회 운영 등과 같은 내용이 포함되어야 한다. 배분 회의 방식은 오프라인과 온라인 모두 포함된다.
- 기관 여건상 배분 위원회나 규정을 준비하지 못하였다면 배분 근거에 대한 자세한 사항을 기록하고 내부 결재를 거쳐 보관하도록 한다.
- 기관에서 수혜자에게 직접 배분하지 않고 지역 내 유사 기관에 재기부한 후 배분되는 경우 배분 원칙이 잘 지켜질 수 있도록 필요한 서류 등을 점검해야 하며, 필요한 곳에 전달될 수 있도록 지역 내 네트워크를 잘 활용해야 한다.
- 배분 대상자 확인 시 개인정보를 철저하게 보호한다. 개인정보보호법에 어긋나는 과도한 증빙을 요구하거나 대상자가 노출되는 사진을 촬영해서는 안 되며, 개인 인적 사항이 유출되지 않도록 최선을 다한다.
- 기부자(처) 보고와 증빙 자료, 보도 자료 배포를 위한 배분 대상자 사진 촬영의 경우, 대상자 개인의 얼굴이 노출되지 않도록 간접 촬영을 하고 부득이하게 개인 얼굴 노출이 필요한 경우에는 대상자에게 충분히 설명하고 허락을 받아 진행해

야 한다.

- 기부받은 현물을 배분하고 남은 경우, 다른 기관을 통해 배분 대상자를 확대할 수 있다. 이런 경우 담당자 개인이 판단하지 말고 배분 위원회 또는 내부 전결 규정에 따라 승인받고 진행한다.

- 배분 과정에서 파손된 물품이나 폐기가 필요한 물품은 폐기 사유, 증빙 사진, 폐기 방식 등을 기록하여 내부 결재 후 폐기한다.

Q ○○ 협회나 유관 기관에서 간혹 후원물품을 지원받습니다. 이 경우 기부금영수증 발급은 어떻게 해야 하나요?

*직접 개발한 후원물품이 아닌 유관 기관이나 협회를 통해 재배분된 후원물품의 행정 처리나 기부금 영수증 발급에 대한 질문이다. 이 경우 다음과 같은 추가 질문이 발생할 수 있다.
첫째, 후원자명은 누구로 입력해야 하나?
둘째, 환산가는 어떻게 책정하나?
셋째, 기부금영수증은 발급 가능할까?

A 후원자명은 1차 배분 기관명으로 입력하고, 이미 기부금영수증이 발급되었다면 환산가 등록은 0원으로 하며, 기부 인수증을 발급할 수 있다.

첫째, 유관 기관이나 협회를 통해 재배분된 경우(편의상 유관 기관이나 협회를 1차 배분 기관으로 통칭하겠다.). 보통 1차 배분 기관 명칭을 ○○ 기관, ○○ 협회로 한다. 그러나 기부금영수증을 1차 배분 기관의 사정에 따라 처리하지 못하고 재배분을 받은 기관에서 발급해야 하는 경우에는 1차 배분 기관 명칭이 아닌 기부처 명칭으로 등록하고 별도로 1차 배분 기관 명칭을 표기한다(예 : 우주기업(○○ 협회)).

둘째, 1차 배분 기관에서 현물을 기부받은 후 기부자(기업)에게 기부금영수증을 발행했을 경우, 재배분을 받은 수탁 기관에서는 0원으로 전산에 등록하고 물품 인도 확인 증빙용으로 기부물품 인수증을 1차 배분 기관에 제공해야 한다. 일부 수탁 기관에서는 주무관청 혹은 회사 지도 점검에 따라 재기부를 받은 현물에 대해서도 기부금영수증을 발급받은 후 보관하기도 하나, 이는 적격 증빙을 위한 자료로서 유효할 뿐 세제 혜택을 위한 증빙으로서의 가치는 없다.

또한, 일부 수탁 기관에서 명확한 후원물품 관리를 위해서, 혹은 후원품 실적 평가에 포함해야 한다는 이유로 재배분받은 현물을 '0원'으로 처리하지 않고 후원 환산가로 등록하여 실적으로 처리하는 경우가 있는데, 이런 경우 1차 배분 기관에서 발급한 환산가액과 일치해야 한다.

마지막으로 중요한 것은, 기부자에게 제공되는 기부금영수증이 1차 배분 기관과 재배분을 받은 기관에서 이중으로 발급되어서는 안 된다는 것이다.

사회 복지 현장에서는 실적의 이중 처리, 기부금영수증 중복 발급 등과 같은 일이 발생하지 않도록 '지역사회 연계 실적'으로 내부 기안을 하여 별도의 물품 배분 현황을 만들어 보관하기도 한다.

재배분을 하는 협회나 기관에서는 최종 배분 기관의 혼란을 줄일 수 있도록 지원 물품, 지원 대상, 지원 수량, 지원처, 지원 방법, 후원 처리 방법(접수 방법, 기부금영수증 발급 여부 등)을 안내하여야 한다.

※ 기부 인수증과 기부금영수증

기부 인수증은 물품을 기부받았다는 일종의 수령 확인이다. 기부금영수증은 기부자가 현물을 기부하고 세금 공제를 받기 위한 면세 확인이다.

🗄 판매

판매 방식은 크게 비영리조직이 운영하는 상설 매장을 통해 판매하는 방식과 일시적인 바자회를 통해 판매하는 방식으로 나눌 수 있다.

- 판매를 위해 현물을 기부받는 경우, 사전에 기부처에 사용 용도를 알려야 한다.
- 배분을 위해 현물을 기부받은 후, 일부 물품 또는 남은 물품을 바자회 등에서 사용하려면 사전에 기부처로부터 허락을 받아야 한다.
- 바자회를 진행하고 남은 물품은 내부 결재 후 보관하거나 타 기관에 재기부할 수 있다. 남은 물품을 보관하고자 할 때는 유통기한, 보관 장소의 적절성, 비용 등을 검토해야 한다.
- 기업 기부물품은 재고 상품, 반품된 상품 등이 대부분이어서 시간이 지날수록 상품의 가치가 하락하므로 재보관은 지양하는 것이 좋다.

※ 지역사회 나눔 바자회

각 지역의 사회복지기관은 아름다운가게와 함께 실내 또는 실외 나눔 바자회를 할 수 있다. 행사 당일 수익금의 50% 또는 100%를 복지 기관에서 추천하는 수혜자를 돕는 목적사업에 쓸 수 있다.

• 문의 : 아름다운가게(콜센터 1577-1113)

🗄 내부 사용

기관에서 필요한 현물을 기부받아 비품으로 사용하거나 자원봉사자에게 제공하는 경우 기부처에 사용 목적을 자세히 알려야 하며, 기관 회계 규정에 따라 처리해야 한다. 유통기한이 임박하여 내부 소비를 해야 하는 경우에는 공식 절차에 따라 논

의한 후 결정 근거를 남겨야 한다.

점검해 봅시다

✔ 현물 배분 규정이 있나요?

✔ 현물 배분을 결정하는 위원회가 구성되어 있나요?

✔ 바자회 등과 같은 수익사업 운영에 대한 사전 계획서나 운영안이 있나요?

✔ 배분 시 확인을 받아야 되는 사항이나 기록물이 무엇인지 약속되어 있나요?

✔ 배분 이후 기부자(처) 보고는 어떤 방식으로, 언제 하는지 기관의 절차가 있나요?

7. 기부자 결과 보고

🗓 기부자(처) 결과 보고

기부받은 현물을 사용한 후에는 기부자에게 결과 보고를 해야 하며 시기는 빠를수록 좋다. 1회 배분이나 바자회가 아닌 지속 사업일 경우에는 모든 과정이 끝난 뒤 결과 보고를 할 수도 있으나, 진행 과정에서 중간 보고를 하도록 한다.

• 결과 보고에는 사용처, 사용량, 사용처 증빙 자료, 사진, 보도 자료 등을 포함하며 기부자가 요청하는 자료를 제공하기도 한다.

• 현물 사용 용도에 따라 결과 보고의 형식은 다양하다. 전화 한 통 혹은 편지 한 장으로도 기부자를 만족시키는 결과 보고가 이루어지기도 한다. 중요한 것은 정성이 들어간 보고서와 그렇지 않은 보고서는 차이가 크다는 점이며, 결과 보고의 내용에 따라 기부자의 만족도에 상당한 영향을 미친다.

🗓 기부자(처) 결과 보고 작성 팁

• 배분하는 장소의 분위기, 배분 대상자의 표정과 행복감을 기부자에게 전달하는 것도 기부자 만족도에 영향을 미친다.

• 서면 등과 같은 결과 보고를 준비하는 것도 중요하지만 되도록 배분 직후 현장의 상황과 감사의 마음을 빠르게 전달하는 '전화 한 통'이 최고의 결과 보고가 되기도 한다.

• 결과 보고와 함께 감사장을 전달하거나 기념품을 제공할 때는 먼저 기부자의 입장에서 생각해 보고 실행하는 것이 좋다. 기부자는 값비싼 형태의 감사장이나 기념품보다 정성과 가치가 느껴지는 것에서 더 큰 만족을 느낄 수 있다. 기념품과 감사장에도 비영리단체의 핵심 가치를 담아 보자.

바나나 상자를 이용한 재활용 감사장.
로고 안에 들어간 천은 재사용이 어려운 천을 사용하였다.
원가 5천 원 미만의 감사장이지만 받는 사람들은 즐거워한다.
감사장 소재에 담긴 가치 때문이다.

쓸모없어진 잡지와 투명 아크릴을 이용해 만든 감사장.
기본적인 재료만 있으면 누구나 제작이 가능하다.
필요할 때마다 잡지 재료가 달라지므로 항상 다른 디자인의
감사장으로 보인다는 특성이 있다.

쓸모없어진 폐목재와 LP판을 이용한 감사장.
소박한 감사장이지만 평상시 보기 어려운 감사장 소재와
디자인 때문에 받는 이들이 즐거워한다.

재활용 종이 등 친환경 소재를 이용한 상품을 개발하여
친환경 기념품이나 기부자에게 선물로 줄 수 있는
굿즈 등을 제작할 수 있다.

💡 점검해 봅시다

✔ 지원 기관이나 기부자(처)에서 요구하는 결과 보고 시기와 형식이 있나요?

✔ 기관에 결과 보고 시기와 형식, 기준이 있나요?

✔ 기관의 미션과 비전이 담겨 있는 특색 있고 차별화된 감사와 보고 표현이 있나요?

8. 세법상 의무 사항 이행

기부에 대해서 세법에서 정한 요건을 갖춘 기관(기부금단체)의 경우 기부금영수증 발급이 가능하고, 기부자(처)는 해당 기부금영수증을 통해 세제 혜택(종합소득세 신고 시, 연말정산 시, 법인세 신고 시)을 받을 수 있다. 이에 따라 국세청은 기부금단체 등록 요건을 규정하고 있으며, 해당 요건을 준수하지 못할 경우 기부금단체의 자격을 취소한다.

기부자가 세제 혜택을 받을 수 있는 기부금영수증은 단체가 공익 사업을 한다는 이유만으로 발급할 수 있는 것이 아니다. 세법(법인세법, 소득세법, 조세특례제한법)에 규정된 기관이나 세법에 따라 등록된 기부금단체가 아니면 기부금영수증을 발급할 수 없다. 사회복지법인과 의료법인, 종교법인의 경우 법인세법 시행령 제39조에 기부금단체로 열거되어 있으며, 이는 별도의 지정 절차 없이 기부금단체로 인정되는 당연지정기부금단체이다.

그런데 발급 자격이 없음에도 실무에서 기부금영수증을 발급하는 경우가 있으며, 이 경우 기부자가 받았던 환급 세금에 대해서 향후 국세청이 추징하는 사례가 종종 발생하고 있다.

따라서 기관은 첫째로 세법에서 정한 기부금단체 자격을 갖추어야 하며, 둘째로 세법에서 정한 의무 사항을 준수하며 기부금단체로서의 요건을 충족하는지를 국세청에 정기적으로 보고하여야 한다.

📭 기부금영수증 발급

• 기부금영수증 발급 시 기부자(처)의 식별 번호(주민등록번호, 사업자등록번호)를 알 수 있는 증빙 서류가 필요하다. 실무에서 생년월일만 기재하여 기부금영수증을 발행하는 경우가 있는데, 이와 같이 식별 번호가 없는 기부금영수증은 국세청 전산에 입력을 할 수가 없기 때문에 기부자가 세제 혜택을 받지 못한다.

- 기관은 전산 프로그램, 전자기부금영수증 발급 시스템(국세청 홈택스) 또는 수기 방법으로 기부금영수증 발급이 가능하다. 2021년 7월부터 도입된 전자기부금 영수증의 경우 기부금영수증 발급 및 관리가 용이하여 적극적으로 활용할 필요가 있다.
- 전자기부금영수증의 경우, 기관은 기부자의 주민등록번호 없이 국세청에 등록된 기부자의 전화번호로 발급할 수 있다. 기부자 또한 전자기부금영수증 발급을 국세청 홈택스를 통해 요청할 수 있으며, 기관은 전자기부금영수증 발급 신청에 대해 승인 또는 반려할 수 있다.
- 전자기부금영수증 발급을 통해 기관은 국세청에 제출하는 기부금영수증 관련 행정 서류를 간소화할 수 있는데, 전자기부금영수증을 발급하는 이에게 주어지는 기부자별 발급명세서 작성 보관, 기부금영수증 발급합계표 제출, 연말정산 기부금영수증 발급 내역 제출 의무를 이행하지 않아도 된다. 전자기부금영수증을 발급하는 경우 해당 서류에 필요한 정보가 이미 국세청 전산에 전송되기 때문이다.

■ 전자기부금영수증과 수기기부금영수증의 비교

구분	전자기부금영수증	수기기부금영수증
기부자별 발급명세서 작성·보관 여부	작성·보관 의무 면제	작성·보관
기부금영수증 발급합계표 제출 여부	제출 의무 면제	별도 제출
연말정산 간소화 기부금자료 제출 여부	제출 의무 면제	별도 제출
기부자 인적사항 검증 여부	검증 가능	주민번호 오류 검증 불가
휴대전화번호 발급(개인만 해당)여부	휴대전화번호로 발급 가능	발급 불가
기부금영수증 발급 확인 여부	홈택스에서 가능 파일	기부처에 문의
일괄 발급 가능 여부	홈택스에 엑셀 파일 업로드	불가

📁 기부자(처)별 제출 시기

발급 대상	제출 시기	발급 방법	이월 공제 기간
개인 (근로소득자)	1월 연말정산 시기	1) 국세청 홈택스 연말정산 간소화에서 조회 및 출력 가능 2) 기관(시설)에 출력본 요청 3) 국세청 홈택스 전자기부금영수증은 국세청 전산에 자동 입력	※ 한도 초과 기부금은 10년간 이월 공제 허용 ※소득세법을 적용받는 개인은 2022년 12월 31일까지 기부한 기부금의 경우 기부한 금액의 100분의 5에 해당하는 금액을 추가 공제함(코로나 19 극복 및 기부 활성화를 위한 기부금 특별 세액공제)
개인 (일반사업자)	5월 종합소득세 신고 시		
법인사업자	법인 결산 신고 시 ※법인에 따라 신고일 상이	1) 기관(시설)에 출력본 요청 2)국세청 전자기부금영수증은 국세청 전산에 자동 입력	

📁 기부금영수증 관리 의무

- 기부금영수증을 사실과 다르게 발급하거나 기부자별 발급명세서를 작성, 보관하지 않을 경우, 세법에 따른 가산세를 부담할 수 있다. 한편, 허위 기부금영수증 발급은 불성실 기부금단체로 공개 대상이 될 수 있으므로 주의가 필요하다.
  ① 기부 금액을 사실과 다르게 기재한 경우 : 사실과 다르게 발급된 금액의 5%에 해당하는 금액
  ② 기부자의 인적 사항 등을 다르게 적어 발급하는 등으로 ① 이외의 경우 : 기부금영수증에 적힌 금액의 5%에 해당하는 금액
  ③ 기부자별 발급명세서를 작성, 보관하지 않은 경우 : 미작성, 보관한 금액의 2%에 해당하는 금액

📁 기부금영수증 발급합계표

기부금영수증 발급합계표는 연간 기부금영수증 발급 건수와 금액의 합계를 국세청에 제출하는 서류로, 사업 연도 종료일로부터 6개월 이내에 제출해야 한다. 해당 서식에는 구체적인 기부자 명단과 금액은 포함되어 있지 않다. 기관은 국세청장이 요청하는 경우에 기부자 명단을 제출해야 하며, 실무적으로는 매년 1월에 연말정산 기부금 자료 전송을 통해 개인 기부자의 기부 내역이 국세청에 전송된다. 한편, 전자기부금영수증의 경우 발급 시 해당 정보가 국세청 전산에 실시간으로 전송된다. 기부금영수증 발급합계표 제출은 공익법인의 의무 사항이기는 하나 미제출 시에

도 가산세는 부과되지 않는 협력 의무이다. 기부금영수증 발급합계표를 제출하는
방법은 다음과 같다.

▶ **홈택스 ⇨ 신고/납부 ⇨ 일반신고 ⇨ 기부금영수증 발급합계표**

▶ **'직접 작성 제출' 버튼 클릭**

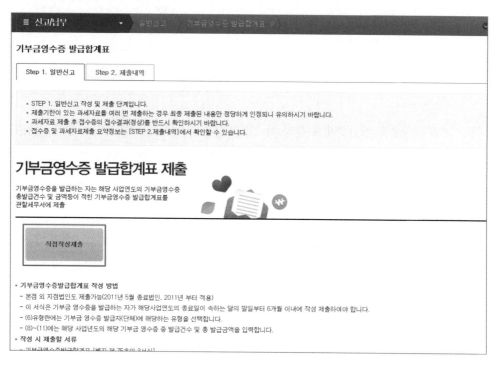

▶ **발급 건수 금액 입력 후 '신고서 작성 완료' 버튼 클릭**

기부금영수증 발급합계표 작성 시 '발급 건수'는 몇 건의 기부금영수증을 발행했느냐를 기재하는 칸이다. 예를 들어, 특정 개인에 대해 매달 기부금영수증을 발행했다면 매달 건수를 합산해야 하고, 1년에 한 번 연간 기부 내역을 합산하여 발행했다면 1건으로 기재한다.

해당 서식에서는 실제 발급 건수보다 발급 금액을 올바르게 기재하는 것이 중요하므로, 발급 건수를 기재하기 어렵다면 기부자 수를 입력해도 무방하다.

🗓 공익법인 연간 주요 의무 사항

상속세 및 증여세법에서는 무상으로 취득한 재산에 대해서 수증자(무상으로 취득한 자)가 증여세를 납부해야 한다고 규정하고 있다. 다만, 공익법인은 예외적으로 무상으로 취득한 재산(기부금)에 대해서 증여세를 납부하지 않는다. 이에 따라 세법에서는 공익법인이 출연받은 재산(기부금)을 목적에 맞게 사용하고 있는지에 대해 철저하게 사후 관리를 하고 있다. 다음은 공익법인의 주요 의무 사항을 표로 정리한 것이다.

■ 공익법인 연간 주요 의무 사항

기한	의무 사항	대상
1월 7일	홈택스 연말정산 기부금단체 등록	• 연말정산(개인) 기부금 자료를 홈택스에 제출하려는 비영리법인
2월 10일	매입세금계산서 합계표 제출	• 부가가치세 신고를 하지 않는 비영리법인 • 수익사업 관련 매입세금계산서 미제출 시 가산세 있음. • 목적사업 관련 매입세금계산서 미제출 시 가산세 없음.
3월 말	법인세 신고	• 수익사업(배당+주식 매각 포함)을 영위하는 경우 • 이자소득만 있는 비영리법인은 간편 양식으로 신고 가능
4월 말	지방소득세 신고	• 수익사업(배당+주식 매각 포함)을 영위하는 경우 • 이자소득만 있는 비영리법인은 간편 양식으로 신고 가능
	출연재산 보고서 제출	• 모든 공익법인 • 당해 연도에 출연받은 재산이 없는 경우에도 제출해야 함.
	결산 서류 공시(★)	• 모든 공익법인 ※총자산가액 5억 원 미만이면서 수입 금액과 출연재산가액 합계액이 3억 원 미만인 경우 간편 공시 가능 ※간편 공시의 경우 2023년도분부터 미신고 시 가산세 적용
	외부전문가 세무확인	• 해당 연도 종료일 현재 자산 5억 원 이상 또는 해당 연도 수입 금액과 출연 재산가액 합계액이 3억 원 이상인 경우
	외부 회계 감사 보고서 제출(★)	• 직전 연도 총자산가액 100억 원 이상 또는 수입 금액과 출연재산 합계액이 50억 원 이상 또는 출연재산가액이 20억 원 이상인 경우
	주식 보유 관련 의무 이행 신고	• [상속세 및 증여세법 시행규칙 별지 제22호 서식] 주식 초과 보유 공익법인 만 해당 • 동일 기업 주식을 발행 주식 총수의 5%를 초과하여 취득(출연)하거나, 계열 기업 주식을 공익법인 총 재산 가액의 30%(50%*)를 초과하여 보유한 경우 *외부 회계 감사, 전용계좌 개설·사용, 결산 서류 등 공시 이행 시

4월 말	연간 기부금 모금액 및 활용실적 명세서 제출 (★)	• 표준 서식으로 공익법인 결산 서류를 공시한 경우 제출 면제 • 간편 공시 의무 이행 공익법인의 경우 제출해야 함.
	공익법인 등 의무 이행 여부 점검 결과 보고서 제출	• 법인세법 시행령 제39조 제1항 제1호에 따른 공익법인(종교법인 제외) • 기획재정부 장관이 지정한 한국 학교, 전문 모금 기관
6월 말	기부금영수증 발급합계표 제출	• 기부금영수증을 발급한 모든 공익법인 ※납세 협력 의무로 미제출 시 가산세 없음.
8월 말	법인세 중간 예납 신고	• 이자소득만 있는 비영리법인은 신고 의무 없음.

(★)가 표시된 의무 사항은 공익법인(舊 지정기부금단체) 의무 이행 사항으로, 미이행 시 지정기부금단체 지정이 취소될 수 있음.

 점검해 봅시다

✔ 주무관청에서 요구하는 프로그램을 이용하여 등록, 기록하고 있나요?

✔ 자체적으로 사용하는 프로그램을 이용하여 등록, 기록하고 있나요?

✔ 기부(후원)물품 관리 대장은 기록하고 있나요?

✔ 기부물품 폐기 관리 대장은 기록하고 있나요?

✔ 기부금영수증 발급에 대한 안내 및 발행을 하고 있나요?

✔ 기부자(처)가 요구하면 기부금영수증 발급은 즉시 가능한가요?

✔ 공익법인 의무 사항과 신고 일정은 알고 있나요?

기부가액이란 기부 주체(개인&법인)가 세제 혜택을 위해 필요한 환산가를 의미하며, 취득가액은 기부를 받는 공익법인 수익으로 인식하는 가액이다. 즉, 공익법인 실무자는 기부가액 산정 기준과 공익법인의 회계 처리를 위한 취득가액 산정을 구별할 줄 알아야 한다.

PART 3

현물기부가액

1. 관련법

현물기부가액 산정을 위해 확인해야 할 법령은 상속세 및 증여세법, 법인세법, 소득세법, 부가가치세법이다. 상속세 및 증여세법의 경우, 주로 공익법인이 출연받은 재산을 공익 목적의 사업에 적절히 사용하도록 하는 사후 관리 의무 사항과, 이러한 의무 위반 시 적용되는 벌칙 규정(증여세 및 가산세 부과)이 포함되어 있다. 한편, 공익법인이 부담하여야 할 증여세와 관련하여 기부자의 연대 납세 의무도 규정하고 있다.

법인세법과 소득세법은 기부금단체의 유형과 지정 방법, 기부금영수증 발급과 관련된 제반 절차와 의무 사항, 현물기부의 평가 방식, 기부자에 대한 세제 혜택을 규정하고 있다.

마지막으로 부가가치세법은 무상으로 공급하는 현물기부와 관련된 면세 규정과 관련있다.

한편, 2023년 1월 1일 시행되는 '고향사랑 기부금'은 거주자가 지방자치단체에 기부한 현금만 해당되는 것으로, 이때는 조세특례제한법이 적용된다.

2. 공익법인회계기준

🗂 기부받는 시점으로 인식

공익법인회계기준 제26조(기부금 등의 수익 인식과 측정) 제①항에 따라 현금이나 현물을 기부받을 때에는 실제 기부를 받는 시점에 수익으로 인식한다.

- 약정 이후 실제 기부 행위로 이어지지 않는 경우이거나, 기부자가 거래하는 금융 기관을 통해 기부금 이체를 신청하고, 인출이 되지 않는 경우
- 기부금영수증 발급일에 관하여 실제 기부금을 수령한 일자로 발급(공익법인 통장에 입금된 일자)_서면-2017-법인-3230, 2018. 01. 19.

🗂 공정가치(공정가액)

공익법인회계기준 제26조(기부금 등의 수익 인식과 측정) 제②항에 따라 현물을 기부받을 때에는 수익 금액을 공정가치로 측정한다. 공정가치는 합리적인 판단력과 거래 의사가 있는 독립된 당사자 사이의 거래에서 자산으로서 교환하거나 부채를 결제할 수 있는 금액으로, 시가, 매매 사례 가액, 감정 평가액 등을 의미한다.

현물의 기부금품가액 기준은 현재 시장에서 유통되는 정당한 매매·평가 가격이다. 이를 공정가치(공정가액)라 하며 사전적으로는 자산 등을 공정하게 측정한 가액으로, 합리적인 판단과 거래 의사가 있는 독립된 당사자 간 거래될 수 있는 교환 가격을 의미한다.[12]

하지만 공정가치 파악이 어렵거나 불가능한 중고 물품의 경우는 내부 평가 기준을 마련하거나 중고 거래 사이트를 활용할 수 있다. 실례로 아름다운가게의 경우, 품목별로 최근 몇 년 이내 판매된 금액의 평균가액을 산정하여 기부물품을 평가하고 있다.

---

12 서울특별시. 2019. 『서울, 기부길라잡이』

■ 현물기부 자산 종류에 따른 공정가치 평가 방법[13]

현물기부 자산 종류	공정가치 평가 방법 예시
유형자산	시장 가격. 다만, 시장 가격이 없는 경우 동일 또는 유사 자산의 현금 거래로부터 추정할 수 있는 실현 가능액 또는 전문적 자격이 있는 평가인의 감정가액
재고 자산, 기타 물품	시장 가격, 유사한 자산의 시장 가격 등

※ 공정가치는 기부자(처)의 유형에 따라 '시가' 또는 '장부가액'을 적용한다.[14]

🗂 시가와 장부가

세법에서 기부자의 현물기부에 대한 가액 산정은 시가와 장부가 중 하나로 이루어진다. '시가(時價)'는 시장에서 상품이 거래되는 가격을 말한다. '장부가액(帳簿價額)'은 법인사업자 또는 개인사업자의 장부에 기록되어 있는 가액으로, 매입한 물품의 경우 매입가액, 제조한 물품의 경우 제조 원가로 표시된다. 다만, 장부가액은 별도의 평가가 있지 않은 한 최초 취득가액으로 기록되어 시가와는 차이가 있을 수 있다. 실제로 어떤 공익법인이 30년 전에 기부받은 토지의 장부가액과 실제 시가가 많은 차이를 보이는 사례가 있다.

현물기부의 종류와 품목은 매우 다양하기 때문에 단일한 기준을 적용하여 가치를 산정하는 데에는 어려움이 있다. 특히, 평가의 기준을 제공하는 세법에서는 부동산, 주식, 채권, 자동차와 같은 유형자산은 가액 산정 방식이 명확하나, 실무에서 소액 기부로 일어나는 여러 유형의 자산들에 대해서는 세법상 원칙만을 정해 두었을 뿐 구체적인 지침을 제공하고 있지는 않다.

※ 장부가액
① 매입가액+부대 비용(취득세 및 등록세 포함)
② 제조, 생산, 기타 이에 준하는 방법으로 취득한 자산일 경우 제조 원가+부대 비용

---

13 한국공인회계사회. 2018. 『알기쉬운 공익법인회계기준 매뉴얼』
14 법인일 경우 법인세법 시행령 제37조 제1항을, 개인일 경우 소득세법 시행령 제81조 제3항에 적용함.

현물기부가액 산정은 기부가액 산정과 취득가액 산정으로 구분할 수 있다. 기부가액이란 기부 주체(개인 또는 법인)가 세제 혜택을 계산하기 위한 가액을 의미하며, 취득가액은 기부를 받는 공익법인이 수익으로 인식하는 가액이다. 즉, 공익법인 실무자는 기부자에게 기부금영수증을 발행하기 위한 기부가액 산정 기준과 공익법인의 회계 처리를 위한 취득가액 산정 기준을 구별할 줄 알아야 한다.

※ 가액 산정을 위한 중요한 변수
기부 주체에 따라 ⇨ 개인(개인사업자 포함)인지, 법인인지
기부 수령 단체에 따라 ⇨ 지정기부금단체인지, 법정기부금단체인지
특수관계 유무에 따라 ⇨ 특수관계자에게 기부받았는지, 특수관계가 아닌 자에게 기부받았는지

* 기부금과 접대비 구분 : 사업과 직접적으로 관계가 있는 자에게 금전 또는 물품을 기증한 경우는 기부금이 아니라 접대비로 본다. 예를 들어, 홍보를 위한 대량 판촉물에 대한 기부금영수증 발급은 불가하다.
* 부동산, 주식, 저작권, 예술품, 기증 유물의 가액 산정은 구체적인 사실 판단이 필요하므로 공정가 평가에 대해 회계 또는 법률 전문가의 자문을 받는다.

3. 가액 산정

기부가액이란 기부 주체(개인&법인)가 세제 혜택을 받기 위해 필요한 환산가를 의미하며, 취득가액은 기부를 받는 공익법인이 수익으로 인식하는 가액이다. 공익법인 실무자는 기부자에게 기부금영수증을 발행하기 위한 기부가액 산정 기준과 공익법인의 회계 처리를 위한 취득가액 산정을 구별할 수 있어야 한다.

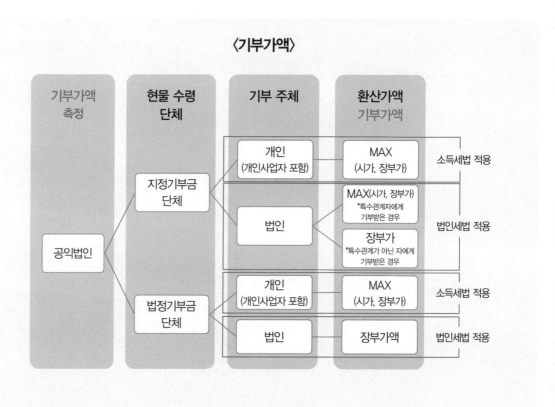

〈기부가액〉

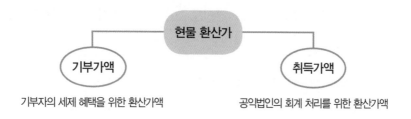

기부자의 세제 혜택을 위한 환산가액   공익법인의 회계 처리를 위한 환산가액

〈취득가액〉

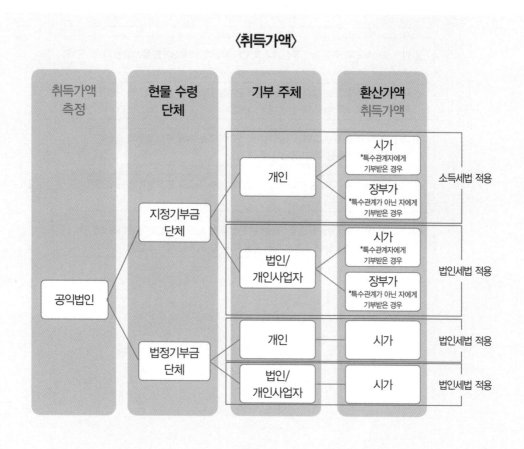

법인세법상 특수관계인

법인세법에 따른 '특수관계인'이란 법인과 경제적 연관 관계 또는 경영 지배 관계 등 아래의 관계에 있는 자를 말한다. 이 경우 본인도 그 특수관계인의 특수관계인으로 본다.

① 법인의 임원에 대해 사실상 임면권을 행사하고 있는 자와 그 친족

② 소액 주주 등이 아닌 주주 또는 출자자와 그 친족

③ 법인의 임원·직원 또는 비소액 주주 등의 직원과 그 친족

④ 법인 또는 비소액 주주 등의 금전이나 그 밖의 자산에 의해 생계를 유지하는 자

⑤ 해당 법인이 직접 또는 그와 ①~④까지의 관계에 있는 자를 통해 법인의 경영에 지배적인 영향력을 행사하고 있는 경우 그 법인

⑥ 해당 법인이 직접 또는 그와 ①~⑤까지의 관계에 있는 자를 통해 법인의 경영에 지배적인 영향력을 행사하고 있는 경우 그 법인

⑦ 해당 법인에 30% 이상 출자하고 있는 법인에 30% 이상을 출자하고 있는 법인이나 개인

⑧ 해당 법인이 '독점 규제 및 공정 거래에 관한 법률'에 따른 기업 집단에 속하는 법인인 경우에는 그 기업 집단에 소속된 다른 계열 회사 및 그 계열 회사의 임원

소득세법상 특수관계인

소득세법에 따른 '특수관계인'이란 '국세기본법 시행령' 제1조의 2 제1항, 제2항 및 같은 조 제3항 제1호에 따른 특수관계인을 말한다.

혈족·인척 등 친족 관계
6촌 이내의 혈족
4촌 이내의 인척
배우자(사실혼 관계자 포함)
친생자로서 다른 사람에게 친양자 입양된 자 및 그 배우자·직계 비속

임원·사용인 등 경제적 연관 관계
임원과 그 밖의 사용인 및 그와 생계를 함께하는 친족
본인의 금전이나 그 밖의 재산으로 생계를 유지하는 자 및 그와 생계를 함께하는 친족

주주·출자자 등 경영 지배 관계
본인 및 친족 관계에 있는 자가 지배하는 법인(이하 '본인 등 지배 법인')
본인 및 친족 관계에 있는 자 또는 본인 등 지배 법인이 지배하는 법인

🗂 법인세법상 기부자의 기부가액과 공익법인의 취득가액 구분(법인 기부 시)

■ 법인세법상 기부자의 기부가액과 공익법인의 취득가액의 구분

특수관계 유무	법정기부금		지정기부금	
	기부자의 기부가액	공익법인의 취득가액	기부자의 기부가액	공익법인의 취득가액
특수관계 있음	장부가액	시가	MAX (시가, 장부가액)	시가
특수관계 없음			장부가액	장부가액

▶ **기부자의 기부가액**

• 법인이 법정기부금을 금전 외 자산으로 제공한 경우 : 해당 자산가액은 기부 당시 장부가액으로 한다.

• 법인 지정기부금을 금전 외 자산으로 제공한 경우 : 해당 자산가액은 기부받는 비영리단체가 법인의 특수관계인이 아니면 기부 당시 장부가액으로 하고, 특수관계인이면 기부 당시 장부가액과 시가 중 큰 금액으로 한다.

▶ **공익법인의 취득가액**

• 특수관계인인 법인으로부터 기부받은 경우 : 취득 당시의 시가를 취득가액으로 한다.

• 특수관계인이 아닌 법인으로부터 기부받은 경우 : 기부받는 공익법인이 법정기부금단체이면 취득 당시의 시가를, 기부받은 공익법인이 지정기부금단체이면 취득 당시의 장부가를 취득가액으로 한다. 다만, 상속세 및 증여세법에 따라 과세가액에 산입되지 않은 출연재산이 그 후에 과세 요인이 발생하여 상속세 또는 증여세가 부과되는 경우에는 기부 당시의 시가를 취득가액으로 본다.

[사건 번호] 사전-2015-법령해석법인-0007, 2015. 03. 26.
내국 법인이 사업과 관련 없이 국가나 지방자치단체에 무상으로 기증하는 금품의 가액은 법정기부금에 해당하는 것으로, 기부금을 금전 외의 자산으로 제공하는 경우 해당 자산의 가액은 장부가액으로 하는 것이며, 이때 해당 기부금을 수령하는 지방자치단체는 기부금을 지출한 법인에게 기부금영수증을 발급하여야 하는 것임.

[사건 번호] 서면-2014-법인-21066, 2015. 05. 26.
지정기부금단체가 상장 주식을 기부받은 경우 해당 주식의 취득가액은 법인세법 시행령 제72조 제2항 제5의 3호 내지 제6호에 따른 가액으로 하되, 기부금영수증상 기부 금액은 기부자가 법인인 경우에는 법인세법 시행령 제37조 제1항에 따른 가액으로 하는 것이며, 시가에 의하는 경우에는 법인세법 시행령 제89조에 따른 시가를 적용하는 것임.

유사 예규

[사건 번호] 법인세과-522, 2011. 7. 28.
지정기부금단체가 상장 주식을 기부받은 경우 해당 주식의 취득가액은 법인세법 시행령 제72조 제2항 제5의 3호 내지 제6호에 따른 가액으로 하되, 기부금영수증상 기부 금액은 기부자가 법인인 경우에는 법인세법 시행령 제37조 제1항에 따른 가액으로 하는 것이며, 시가에 의하는 경우에는 법인세법 시행령 제89조에 따른 시가를 적용하는 것임.

[사건 번호] 서면-2017-법인-2684, 2017. 11. 30.
내국 법인이 법인세법 제24조 제2항 각호에 따른 법정기부금을 금전 외의 자산으로 제공하는 경우 해당 자산의 가액은 장부가액으로 하는 것임.

[사건 번호] 사전-2021-법령해석법인-0388, 2021. 12. 28.
공익법인 등이 특수관계가 없는 사업자 아닌 개인으로부터 법인세법 시행령 제24조 제3항 제1호에 따른 기부금에 해당하는 금전 외의 자산을 기부받은 경우 해당 자산의 취득가액은 기부한 자의 취득 당시의 소득세법 시행령 제89조에 따른 취득가액으로 하는 것임.

[사건 번호] 서면-2020-법인-1666, 2020. 04. 20.

지정기부금단체가 음식업을 영위하는 내국 법인으로부터 음식 용역을 무상으로 제공받으면서 재료비 상당액도 함께 제공받는 경우에는 해당 재료비에 대해 기부금영수증 발급이 가능한 것임.

[사건 번호] 서면-2020-법령해석법인-4136, 2021. 06. 29.

해당 주식 거래가 경영권의 이전이 수반되는 거래에 해당하지 않는 경우에는 그 기부받은 날의 한국거래소의 최종 시세가액을 취득가액으로 보는 것임.

[사건 번호] 법인46012-1685, 1994. 06. 08.

시장성이 없는 재고 자산을 사회복지단체에 기부하는 경우 기부가액은 기부 당시에 실제 판매할 수 있는 통상거래가액으로 하는 것임.

▶ 기부금과 접대비 구분

• 사업과 직접 관련이 있는 경우 : 사업과 직접 관계가 있는 자에게 금전 또는 물품을 기증했다면, 그 금품의 가액은 접대비로 본다.

• 사업과 직접 관련이 없는 경우 : 사업과 직접 관계가 없는 자에게 금전 또는 물품을 기증했다면, 업무와 관련하여 지출한 금품은 접대비로 보며, 업무와 관련 없이 지출한 금품은 기부금으로 본다.

세법에서 기부금과 접대비를 구분한 이유는 각각 공제 한도와 공제 방식에 차이가 있기 때문이다.

🗂 소득세법상 기부자의 기부가액과 공익법인의 취득가액 구분

(개인 및 개인사업자 기부 시)

■ 소득세법상 기부자의 기부가액과 공익법인의 취득가액의 구분

특수관계 유무	법정기부금		지정기부금	
	기부자의 기부가액	공익법인의 취득가액	기부자의 기부가액	공익법인의 취득가액
특수관계 있음	MAX (시가, 장부가액)	시가	MAX (시가, 장부가액)	시가
특수관계 없음				장부가액

▶ **기부자의 기부가액**

소득세법상 개인사업자의 현물기부의 기부가액은 시가를 원칙으로 하나, 시가가 장부가액보다 낮은 경우에는 장부가액을 기부가액으로 본다. 다만, 개인의 경우 장부에 기입할 의무가 없어 장부가액을 확인하기 어렵다. 개인이 현물기부의 취득가액을 입증할 수 있는 경우(구매 영수증 등)에는 취득가액을 장부가액으로 볼 수 있다.

▶ **공익법인의 취득가액**

개인이나 개인사업자로부터 현물을 기부받은 경우, 취득가액의 판단 기준은 법인으로부터 현물을 기부받은 경우와 같다. 다만, 개인 기부자가 현물을 기부할 경우에 지정기부금단체가 취득가액으로서 장부가를 얼마로 계상하는지와 관련하여 국세청과 납세자 간에 이견이 있어 2022년 12월 현재 행정 소송이 진행 중이다. 국세청의 해석은 개인의 최초 취득가액을 기준으로 공익법인의 장부가액을 계상하라는 것이고, 납세자는 개인의 기부 당시 시가를 기준으로 장부가액을 계상해야 한다는 입장이다. 납세자는 주장의 근거로 중고차와 같은 중고 물품의 경우 가치가 하락하는 경우가 대부분이고, 이 경우 개인이 최초 취득했을 때의 가액으로 장부가액을 계상할 경우 실제보다 과대하게 기록된다는 점을 들고 있다.

[사건 번호] 서면법령해석과-45, 2015. 01. 14.

지정기부금단체가 개인사업자로부터 지정기부금을 금전 외의 자산으로 제공받고 기부금영수증을 발급하는 경우 기부 금액은 소득세법에 따라 해당 자산의 시가(시가가 장부가액보다 낮은 경우에는 장부가액)에 의하는 것임.

[사건 번호] 서면-2016-소득-6179, 2017. 01. 11.

작가가 업무와 관련 없이 법정기부금단체에 자신이 집필한 도서를 무상으로 기부하는 경우에는 같은 법 시행령 제81조 제3항에 따라 그 기부 금액은 도서의 기부 당시의 장부가액에 의하는 것이나, 장부가액이 없거나 사업자가 아닌 개인이 소장한 도서를 기부하는 경우에는 도서의 기부 당시의 시가에 의함.

[사건 번호] 사전-2021-법령해석법인-0388, 2021. 12. 28.

공익법인 등이 특수관계가 없는 사업자 아닌 개인으로부터 법인세법 제24조 제3항 제1호에 따른 기부금에 해당하는 금전 외의 자산을 기부받은 경우 해당 자산의 취득가액은 기부한 자의 취득 당시의 소득세법 시행령 제89조에 따른 취득가액으로 하는 것임.

기획재정부 법인세제과-1778, 2020. 12. 04.

근저당이 설정된 부동산 출연 시 소득세법상 부담부 증여 규정을 준용하여 유상 양도에 해당하는 채무 승계분과 무상 증여분을 구분한 후 현물기부금가액을 산정함.

[사건 번호] 서면-2017-법령해석소득-1414, 2017. 10. 20.(현물기부로 볼 수 없는 사례)

인력 파견 업체가 인건비를 부담하고 그 인력을 특수관계인이 아닌 자에게 파견 보내는 경우 무상 제공된 용역의 가액은 소득세법 시행령 제79조 제1항 제1호의 기부금에 해당하지 아니함.

4. 기부가액을 증빙할 수 있는 서류

■ 기부가액 기준별 적격 증빙 서류

기부가액 기준	물품 기준	산출 근거	적격 증빙 서류

장부가액	생산품
	유통 물품
	구매한 물품
		공급 원가
		(제조 원가나 취득가액)
			• 원가 명세서
			• 장부가액 확인서
			  (또는 장부가액을 확인하는 문서)
			• 매입한 거래 자료(현금 영수증, 신용카드 매
			  입 전표, (세금)계산서)
			
			중 선택[15]

시가	생산품 유통 물품 구매한 물품	실지 거래가액	• 실지 거래가액 확인서 • 재판매 가격 확인서[16]

※ 단순한 거래 명세표나 엑셀로 작성한 물품 목록은 적격 증빙이 될 수 없다.

---

15 증빙 서류의 책임은 기부 주체에 있다.

16 특수관계인 외의 불특정 다수의 사람과 계속적으로 거래한 가격 또는 특수관계인이 아닌 제3자 간에 일반적
으로 거래된 가격이 있는 경우에는 그 가격, 시가를 확인할 수 없는 경우에는 재판매 가격을 말한다. 따라서 기
부물품에 따라 시가를 확인해야 한다.

최근 재사용에 대한 인식이 바뀌면서 중고 시장이 갈수록 커지고 있으며, 식품, 상품권과 포인트 기부 등 품목별 사례가 다양해지고 있다. 이에 품목별 사례에 따라 적용하고 있는 관련 법률과 기부가액 산정 방식 등을 잘 살펴봐야 한다.

PART 4

품목별 사례

1. 중고품

최근 재사용에 대한 인식이 바뀌면서 중고 시장은 갈수록 커지고 있다. 그러나 세법에는 중고 물품의 물품가액 산정 기준이 명확히 마련되어 있지 않아 현장에서 어려움을 겪고 있다. 여기서 제시하는 중고 물품가액 산정 방식은, 오랜 기간 중고 물품을 기부받으며 수익사업을 하거나 현물 배분사업을 하고 있는 공익법인 및 사회적기업에서 공정가치를 기준으로 가액을 산정하는 방식이며, 세법에 명시된 것은 아니라는 점을 먼저 밝힌다.

🗂 중고 거래 가격으로 산정

중고 물품의 가액을 산정하는 방법 중 가장 대중적인 방법은 온라인 중고 거래 가격을 확인하여 가액을 산정하는 방식이다. 그러나 사이트마다 가격 편차가 크고 실제 해당하는 물품이 없는 경우가 있으며, 실물의 상태가 온라인에서 거래되는 실물 가치와 동일한 것인지 확인하기 어렵다. 따라서 다양한 온라인 사이트를 비교 분석해 보거나 중구 황학동 벼룩시장 또는 종로구 숭인동 동묘 벼룩시장에서 판매되는 가격대를 참고해도 좋다. 희소성 있는 장식품이나 특정 작가의 예술품, 명품, 조상 대대로 물려받은 골동품은 전문가의 감정을 받거나 시장 조사를 통해 영수증가액으로 산정할 수 있다.

🗂 수익사업 평균 단가로 산정

바자회를 하거나 상설 매장 수익사업을 하는 경우에는 큰 단위(벌크)로 유통하는 물품이 많으므로 중고 물품 단가를 일일이 산정하는 데 어려움이 많다. 일시적으로 진행하는 바자회에서 판매되는 양이 적다면 현장에서 판매된 가격으로 기부금 영수증을 발행하는 것이 가장 좋은 방법이다. 그러나 판매되는 물량이 많은 경우에는 일일이 단가를 산정하기 어렵다.

다음 예시는 상설 중고매장을 운영하는 사회적기업에서 가액을 산정하는 방식이다. 최근 1년 동안 판매된 물품 단가에 폐기율을 적용하여 기부금영수증 발급 단가를 산정하는 방식이다. 단가 산정 시 폐기율을 적용하는 것은, 기부받은 중고 물품 중에서 재사용되지 못하고 재활용으로 처리되는 물품이 다수 있어 이를 가액 산정에 반영한 것이다.

2022년	매출액	판매 수량	판매 단가	폐기율	발급 단가
의류					
잡화					
도서·음반					
가전					

🗂 기부자가 제시한 영수증 가격을 참고하여 산정

기부자가 현물 구매 당시의 영수증을 제시하고 실물과 일치할 경우 감가상각률을 적용하여 발급 단가를 산정할 수 있다. 중고품으로서 발급 단가가 적정한지를 확인하기 위해 중고 온라인 시장(중고나라, 번개장터 등)의 가격을 참고할 수 있다.

> ※ **중고품 현물기부가액 산정 시 주의할 사항**
> - 제작 연도가 오래된 물품, 사용이 많아 재사용하기 어렵다고 판단되는 현물에 대해서는 가액을 산정하지 않을 수 있다. 이런 경우 사전에 내부 기준을 세워 두고 기부자에게 선공지하는 것이 필요하다.
> - 산정하기 까다로운 현물기부가 발생한 경우 사전에 관할 지자체에 문의하여 근거 자료를 문서로 보관하도록 한다.

2. 식품

🗂 기부식품 환산가액 산정

▶ 서울시광역푸드뱅크

- 식품을 기부받을 경우(이하 '기부식품'), '식품 등 기부 활성화에 관한 법률'에 따라 기부식품의 범위와 환산가 등에 대한 사항을 확인한다. 또한 식품을 기부받을 기관에서 수령, 보관, 유통, 배분과 관련한 사항을 사전에 검토해야 한다.

- 기부식품[17]이란 어려운 자에게 지원할 목적으로 제공된 식품 등(의약으로 섭취하는 것을 제외한 모든 음식물)을 말하며 농산물의 생산이나 유통 판매, 소비 중에 발생하는 음식이다. 기부식품은 다음[18]과 같이 분류할 수 있다.

구 분	기부식품 종류
주식류	식사를 대용할 수 있는 식품으로 쌀, 밥, 떡류/라면·국수 면류/빵류/시리얼/분유
부식류	주식과 함께 반찬 등으로 직접 먹을 수 있는 식품으로 김치/햄·어묵/국·탕류 조리된 반찬류 등
간식류	간식용 식품으로 음료류/과자류/사탕류/과일/견과류/잼 등
식재료	조리를 해야 먹을 수 있는 식재료로 곡류·콩류/농·축산류/된장·고추장 등 양념류/기타 식재료

식품의 제조·유통 기업(법인)이 식품을 무상으로 기부할 경우, 장부가액[19]으로 영수증을 발급한다. 일반 기업이 식품을 기부할 경우에는 식품을 취득한 증빙 서류(세금 계산서, 구매 영수증 등)를 근거로 영수증을 발급한다. 이때 증빙 서류를 받기가 곤란하거나, 판매를 전제로 생산된 기부식품 등의 대부분을 생산 업체나 유통 업

---

17 식품 등 기부 활성화에 관한 법률 제2조 제1호 · 제2호 및 식품위생법 제2조 제1호
18 서울시광역푸드뱅크센터. 2020. 『서울시 푸드뱅크 · 마켓 업무 매뉴얼』
19 장부가액은 장부에 기록되어 있는 자산 · 자본 등의 가액으로, 자산의 장부가액은 원칙적으로 취득 원가로 기록되는데 결산 시 감가상각 공가 등에 의하여 장부가액이 변동됨.

체 등 기업에서 기부한 경우에는 기부 당시에 실제 판매할 수 있는 통상거래가의 70%를 환산가액으로 본다. 그러나 같은 물품이라도 영리를 목적으로 하지 않는 개인이 기부한 경우 혹은 기업이 해당 사업과 무관한 물품을 기부한 경우에는 통상거래가액(시가)의 100%를 환산가액으로 산정한다. 통상거래가액은 기부 시점에서 시장 조사(인터넷 조사)를 통해 얻게 된 거래 사례의 견적서를 참조한다. 이때, 보통 견적서를 받기가 쉽지 않기에 시장 조사는 대부분 인터넷 조사로 이루어진다. 인터넷 시장 조사의 경우, 업체에 따라 가격 차이가 크게 나는 식품(특히, 쌀이나 김치 등)들도 있다. 기부 행위가 또 하나의 소득 보전 수단이 되어서는 안 되기 때문에 통상거래가격을 확인할 때는, 입고 당시 인터넷 최저가를 적용하여 확인하는 것이 보다 바람직하다. 또한, 확인된 시장 조사 결과는 캡처 등을 통해 후원물품 관리 대장 등에 첨부하여야 한다.

■ 기부식품 환산가액 산정 방법

기부자	장부가액	증빙 서류가 있는 경우	증빙 서류가 없는 경우
생산 업체	제조 원가	증빙 서류상 금액에 의하여 환산가액 산정	통상거래가액의 50~70%를 환산가액으로 산정
유통 업체	취득 원가		
개인 기부자	구입 원가 (시가)		통상거래가액 100%를 환산가액으로 산정

식품을 기부할 경우, 위와 같은 환산가액을 적용하여 기부자(처)는 세금 감면 혜택[20]을 받을 수 있다. 이 경우에도 통상거래액의 50~70%를 환산가액으로 산정했을 때, 해당 통상거래액 또한 유통기한에 따라 가격이 달라질 수 있다. 따라서 남은 유통기한에 따라 신품과 이월품으로 구분하고 통상거래액의 환산가액 산정 퍼센티지에 차등을 두는 기준과 방식[21]도 필요하다. 이때 부대 비용도 포함한다.

---

20 찾기쉬운 생활법령정보
21 "현금은 그 자체가 액수로 나타나는 반면, 현물의 경우에 하나의 단위로 그 양을 측정하기에 어려움이 따른다. 그렇기 때문에 현물에 대한 경제적 가치를 어떤 방식으로 하느냐에 따라서 기부액에 차이를 보인다. 즉, 현물 기부된 물품의 상태를 등급으로 나누어서 경제적 가치 평가를 할 수 있다.", 권진·이상우. 2020. "한국 푸드뱅크 모델의 전파 가능성에 대한 탐색: 몽골 푸드뱅크 사례를 중심으로."『생명연구』. 55

구 분	종 류	관련자료
타인으로부터 매입한 자산	매입가액+부대 비용 (취득세·등록세 포함)	• 매입 세금계산서 • 구매 영수증 • 수입 원장
제조·생산, 기타 이에 준하는 방법으로 취득한 자산	제조 원가+부대 비용	• 원가 명세서 • 회계 장부 사본(전산 장부 포함) • 장부가액 확인서

※ 유의 사항[23]

푸드 마켓에서 기부받은 식품의 경우 재판매 및 수익사업은 금지된다.

구분		주요 내용
금지사항	재판매 금지	사업자가 영수증을 발급한 물품은 판매할 수 없으며, 기부금품의 모집 및 사용에 관한 법률상의 모집자가 기부 영수증을 발급한 물품 또한 판매할 수 없음.
	수익사업 금지	푸드 마켓은 기부받은 식품 및 생활용품 등을 진열·배치하여 기부식품 등을 이용자가 무료로 선택·이용하는 공익 목적사업에 따라 수익을 위한 기부물품 판매나 제공 행위가 금지됨.

▶ 희망온돌 따뜻한 겨울나기

사회복지공동모금회와 서울특별시에서 매년 진행하고 있는 '희망온돌 따뜻한 겨울나기'에서는 쌀은 농수산물유통공사의 가격 정보를 기준으로 한 달 평균 소매가를 반영하며, 김치는 농수산식품공사 김장 비용 가격 정보를 기준으로 평균가를 반영[24]한다.

---

22 서울시광역푸드뱅크센터. 2020. 『서울시 푸드뱅크·마켓 업무 매뉴얼』
23 보건복지부. 2020. 『기부식품 등 제공사업 안내』
24 서울시사회복지공동모금회. 2021. 『2021 희망온돌 따뜻한 겨울나기 사업안내』

■ 가격 지정 품목 안내

항 목	수 량	금 액	비 고
김치	1kg	별도 안내	• 단위 수량은 반드시 kg으로 명시
쌀	10kg/포		• 쌀값 폭락, 폭등 시 가격 변동 가능
연탄	개당		• 산업통상자원부 고시에 따른 가격 책정 　ㅡ 지정 가격 고시가 있을 경우 해당 금액으로 변경

※ 김치는 농수산식품공사 김장 비용 가격 정보를 기준으로 평균가를 반영한다.
※ 쌀은 농수산물유통공사(www.kamis.co.kr)의 가격 정보를 기준으로 한 달 평균 소매가를 반영한다.
※ 연탄은 산업통상자원부 고시를 기준으로 반영한다.
※ 지정 가격과 기부물품(지정 품목)의 가격이 다를 경우 필히 환가 증빙을 첨부한다(환가 증빙을 구비하지 못
　했을 경우는 지정 가격으로만 접수 가능).

Q 직접 재배한 농산물을 후원받았습니다. 기부금영수증을 요청하는 경우 환산가액은 어떻게 적
용할 수 있을까요?

A 농산물은 농업으로 생산된 물자를 말하며, 곡식, 채소, 과일, 달걀 등을 일컫는다. 농산물을 기
부받을 경우 현장에서 겪을 수 있는 어려움이 바로 이 공정가액을 증명하는 것이다. 농산물을
직접 구입한 개인은 매입 영수증으로 증명할 수 있으며, 생산 유통 등의 법인일 경우는 장부가
액으로 증명할 수 있다. 그러나 공정가액을 증명하기 어려운 경우도 있는데, 영수증이 없는 개
인 기부자이거나 직접 농산물을 재배하여 기부하는 경우, 농산물로 재가공하여 음식을 기부하
는 경우가 대표적이다. 이럴 경우에는 앞서 제시한 서울시광역푸드뱅크와 희망온돌 따뜻한 겨
울나기의 사례를 적용하며, 농산물의 '통상거래가액'은 농수산물유통공사(www.kamis.co.kr),
김치와 같은 농수산식품은 농수산식품유통공사(www.at.or.kr)나 서울특별시 농수산식품공사
(www.garak.co.kr)의 가격 정보를 기준으로 결정하는 것을 제안한다.

🗂 식품을 기부받기 위한 준비 사항

- 기부받을 수 있는 식품의 유통기한을 정한다. 보건복지부의 2020년 기부식품 등 제공 사업 안내[25]를 참고하여 내부 규정을 제작한다.
- 신선도 유지를 위해 수령, 보관, 관리, 유통, 배분이 가능한 인력과 설비를 갖추었는지 확인한다.
- 신선 식품이나 유통기한이 임박한 경우 최단 기간 수령과 배분이 될 수 있도록 한다.
- 기부받은 식품을 기한 내에 배분하지 못하여 폐기해야만 하는 경우, 폐기 관리 대장(사진 등 증빙 첨부)을 만들어 처리 사항을 기록한다.
- 운송, 보관 및 저장, 배분 등의 계획이 없거나 원활하지 않을 경우 기부를 받지 않거나 전국 푸드뱅크로 연결[26]한다.

🗂 식품별 모집 가능 및 배분 기한[27]

구 분		기부식품군	모집 가능 기한 (수령 가능 유통기한)	유통기한에 따른 이용자 배분 기한	
				개인	사회복지시설·단체
가공식품	제과류	스낵, 사탕, 껌, 초콜릿 등	최소 30일 이전	최소 15일 이전	최소 7일 이전
	즉석식품	면류(라면, 소면, 스파게티 등), 즉석밥, 죽 등			
	냉동식품	아이스크림, 케이크, 스테이크 등			
	통조림	참치, 장조림, 과일 통조림 등			
장류 및 식용유류	장류	된장, 고추장, 간장, 소금 등	최소 30일 이전	최소 20일 이전	최소 10일 이전
	소스류	드레싱, 고기 양념류 등			
	기름류	식용유류, 참기름 등			
음료류		주스, 탄산음료, 멸균우유, 건강음료(홍삼) 등	최소 30일 이전	최소 15일 이전	최소 7일 이전

---

25 보건복지부. 2020.『기부식품 등 제공사업 안내』
26 푸드뱅크 홈페이지 www.foodbank1377.org , 대표전화 1688-1377
27 서울시광역푸드뱅크센터. 2021.『2021년도 서울시 푸드뱅크 · 마켓 업무 매뉴얼』

신선식품	육가공류	핫바, 햄, 소시지, 베이컨 등	최소 7일 이전	접수한 당일 또는 다음 날 즉시 배분
	농산물	두부, 순두부, 콩나물, 호박, 파, 김치류 등		
제빵류		각종 슈퍼마켓이나 제과점 빵류	최소 3일 이전 (제과점 빵류는 판매 당일)	접수한 당일 또는 다음 날 즉시 배분

🗄 관능검사

가정에서 먹는 식품을 구입할 때 제일 먼저 보는 것이 유통기한과 오감을 이용해 식품의 상태를 살펴보는 것이다. 기부받은 식품의 경우에도 기부를 받을 당시에 포장 상태 등을 꼼꼼하게 살펴야 하며, 보관 중일 때는 식품을 수시로 점검할 필요가 있다. 보관 중인 식품이 유통기한이 남아 있다 하더라도 관능검사 결과 식품 안전성이 의심되면 폐기 조치해야 한다.

특히 농산물 후원품을 수령할 때는 반드시 관능검사가 필요하며, 이 부분에 대해서는 사전에 기부자에게도 안내가 필요하다. 관능검사는 농산물의 변색, 이취, 결빙, 분리, 외관, 표시, 내용물 등을 확인하는 것이다. 유통기한이 표기되지 않은 농수산물은 더욱 철저히 검사가 이루어져야 한다. 서울시 푸드뱅크·마켓 주요 식재료 검수 도감을 보면 채소의 경우 양호, 보통, 불량으로 구분하여 광택이 있고 싱싱하면 '양호', 벌레가 먹거나 상처가 있어도 그 부분을 잘라냈을 때 싱싱하면 '보통', 잎이 시들고 탄력이 없으면 '불량'으로 판정한다. 다양한 개별 농산물과 식재료 검수 방법은 서울시 푸드뱅크·마켓 주요 식재료 검수 도감을 참조한다.

3. 상품권과 포인트

상품권(문화, 온누리, 백화점 상품권 등)의 경우는 유가증권이므로 현금이다. 따라서 상품권에 명기되어 있는 가격 그대로 기부금영수증을 발급하면 된다. 포인트(적립금, 마일리지)의 경우는 실제 기부처에서 기부받는 형태에 따라 적용하면 된다. 포인트 1점이 현금 1원의 가치와 등가로 환산되어 입금된다면 해당 금액 그대로 기부금영수증을 발급하면 된다. 포인트가 현금으로 등가 처리되지 않는다면 실제 포인트가 현금화되어 입금되는 금액이 기부금이다. 그러나 포인트를 기부받아 물품을 구입하는 경우라면 실제 물품을 구입하는 시점을 기준으로 공정가치를 평가하여 기부금영수증을 발급한다.

포인트 기부 시 포인트가 현금이나 현물로 전환되는 시점에 기부금으로 인식할 수 있다. 기부자(기부처)가 포인트를 기부하는 시점에서 기부금영수증을 요청하면 공정가치를 정할 수 없기 때문이다. 포인트로 대체되는 현금이나 현물의 공정가치가 확인이 되는 시점이 기부금영수증을 발행할 수 있는 시점이다. 즉, 포인트 기부금영수증은 포인트를 실제 현금이나 현물로 전환할 때 발행이 가능하다. 공익법인회계기준에서는 현금이나 현물을 기부받을 때는 실제 기부를 받는 시점에 수익으로 인식하도록 규정[28]하고 있다. 따라서 포인트로 물품을 구매하는 형식의 기부라면 물품 구매 이후 기부 영수 처리가 가능하다는 안내를 기부자(처)에게 제공하여 불필요한 오해가 없도록 해야 한다.

---

28 공익법인회계기준 제26조 제1항

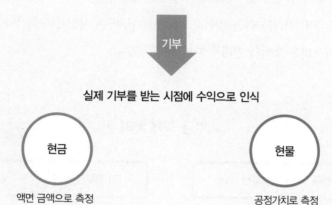

상품권이나 포인트(적립금, 마일리지)와 같은 형태로 기부 문의가 올 경우 다음 사항을 확인하는 절차가 필요하다.

첫째, 실제 포인트가 전환되어 최종 수령되는 기부물품의 형태를 확인해야 한다. 현금인지, 물품인지, 혹은 지정된 온·오프라인에서 사용하여 물품을 구입하는 것인지 확인한다. 기부자(처)에 따라 포인트를 환산하여 현금으로 지급할 수도 있고 (이때 기업마다 포인트가 어느 정도 현금으로 전환되는지 다를 수 있음), 포인트로 물건을 구매해서 물품으로 기부할 수도 있다. 또한 해당 포인트를 기부한 후 지정된 온·오프라인 공간에서 물건을 구매하는 방식의 기부 형태가 될 수도 있다.

따라서, 실제 포인트가 전환되어 기부물품의 형태로 기부받는 시점에서, 포인트를 현금으로 전환하여 받았다면 받은 현금가액 그대로 기부금영수증을 발급하면 된다. 물품으로 받았거나 구매해야 한다면 시가나 장부가액으로 기부금영수증을 처리하면 된다.

둘째, 기부자(처) 및 기부 수령 단체의 유형에 따라 시가 또는 장부가액 적용이 달라진다. 즉, 기부자(처)가 법인인지 개인인지에 따라, 기부 수령 단체가 법정기부금단체인지 지정기부금단체인지에 따라 달라진다. 이러한 요건에 따라 기부 환산가에 대한 기준이 달라지므로 이에 필요한 서류를 사전에 안내할 수 있다.

셋째, 포인트를 기부하는 주체가 개인이면 해당 포인트 제도를 운영하는 업체(기업, 단체)와 사전에 기부금영수증 발급과 관련하여 개인정보 제공에 대해 동의하였는지를 확인해야 기부금영수증을 발급하기 위한 소비자 정보를 사용할 수 있다. 기부처(개인, 법인) 입장에서는 상품권이나 포인트는 자산이다. 기부를 하면 자산이 손실되므로 경비 처리를 하는 것이다. 따라서 기부받은 시점에 수익이나 자산으로 인식하고, 제공받은 효익의 형태에 따라 처리[29]한다.

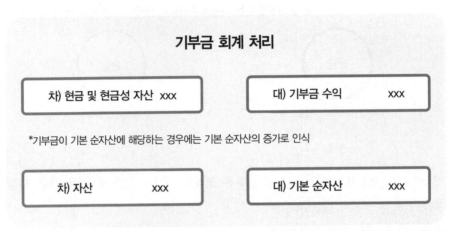

기부금 회계 처리

| 차) 현금 및 현금성 자산 xxx | 대) 기부금 수익 xxx |

*기부금이 기본 순자산에 해당하는 경우에는 기본 순자산의 증가로 인식

| 차) 자산 xxx | 대) 기본 순자산 xxx |

출처 : 알기 쉬운 공익법인회계기준 매뉴얼

사회복지시설의 경우 사회복지시설 재무·회계 규칙에 의거 후원금의 종류와 후원자를 구분하여 수입 및 사용 명세서를 작성[30]하면 된다. 사회보장정보시스템에 등록할 때는 반드시 지정과 비지정을 구분하여 처리[31]해야 한다는 점을 유의하자.

---

29 서울지방변호사회. 2019.『NPO 법률지원 매뉴얼』
30 보건복지부. 2019.『사회복지법인 관리안내』
31 사회보장정보원. 2019.『사회복지시설 정보시스템_후원과정』

4. 재능기부[32]

우리 회사는 비만 관리 전문 회사입니다. 장애인의 날을 맞이하여 장애인 거주 시설에 '비만 관리 서비스 상품권'을 기부하려 합니다. 이 경우 기부금 세제 혜택 처리가 가능할까요?

5월 5일 어린이날을 맞이하여 지역아동센터 아이들을 초청해 공연을 하려 합니다. 그리고 당일 참여하지 못하는 아동과 그 가족을 위해 공연 티켓을 기부하려 합니다. 공연한 배우 개인과 우리 극단 모두 기부금 세제 혜택 처리가 가능할까요?

기회가 되면 좋은 일을 하려고 마음먹고 있었는데 마침 '따뜻마을복지관'에서 재무 관리에 대한 컨설팅 의뢰를 받았습니다. 재무 관리에 대한 자문을 포함하여 시스템 구축을 위해 기술적 지원을 계획하고 있는데 전체 서비스 금액을 무상으로 기부하기는 어렵고 일부 금액만 받으려고 합니다. 이때 차액은 기부금으로 세제 혜택을 받을 수 있을까요?

보습 학원을 운영하고 있습니다. 마을에 사는 조손 가정 아이 3명에게 1년 동안 무료로 수강할 수 있도록 기부하였습니다. 1인당 1년 수강료를 계산하면 전체 180만 원이고 3명이니까 540만 원입니다. 기부금 처리가 가능할까요?

의사입니다. '따뜻한의료봉사협회'에서 무료 봉사 활동을 하고 있는데, 연말에 제가 한 봉사 활동을 금액으로 환산한 기부금영수증을 받았습니다. 저는 봉사라고 생각했는데 이 협회에서는 재능기부이니 기부금 처리가 가능하다고 합니다. 소득공제가 가능한가요?

저는 30년 경력의 제빵 기술자로 베이커리를 운영하고 있습니다. 매월 한 번씩 '건강노인복지관'에서 빵을 만들어 나누는 봉사 활동을 1년 넘게 하고 있습니다. 그런데 참여하는 어르신들이 계속 늘어나서 재료비 부담이 생기고 있습니다. 재료비만이라도 기부금영수증을 받을 수 있을까요?

청소년복지관에서 동아리 활동을 영상으로 촬영해 달라는 요청을 받았습니다. 저는 미디어 제작 프리랜서인데, 외부에 촬영 요청이 오면 편집비 포함 평균 30만 원 정도 인건비를 받습니다. 복지관에 인건비를 기부금으로 처리해 달라고 요청해도 될까요?

하루 일당을 포기하고 태안 지역 기름 유출 관련하여 봉사 활동을 다녀왔습니다. 그런데 함께 다녀온 동료가 자원 봉사도 기부금 처리가 가능해서 나중에 세금 공제를 받을 수 있다고 하는데, 맞나요?

---

32 '현물기부처리절차'는 아름다운재단 기부문화연구소 [현물기부QnA] '현물기부의 수령과 배분절차'를 수정·보완한 것임.

앞선 질문들은 전문 기술이나 서비스 공급(기부, 봉사)에 대한 기부금영수증 발급을 통해 기부자가 세액공제를 받을 수 있는가에 대한 내용이다. 현장에서 적용되는 사례는 이미용, 음식 조리, 사진 찍기, 영상 만들기, 학습 지원, 의료 지원, 공연 지원 등 매우 다양하다. 질문들을 구체적으로 유형화하면 다음과 같다.

첫째, 전문 기술이나 서비스를 기부할 경우 기부금 세액공제가 가능한가?
둘째, 재능기부도 기부금 세액공제가 가능한가?
셋째, 봉사 활동도 기부로 인정되어 세액공제가 가능한가?
넷째, 재능기부나 봉사 활동에 필요한 재료비는 기부금으로 인정되는가?

📁 개념

먼저, 기부금품, 프로보노, 용역, 재능기부의 개념에 대한 정리가 필요하다.

'기부금품[33]'이란 환영금품, 축하금품, 찬조금품(贊助金品) 등 명칭이 어떠하든 반대급부 없이 취득하는 금전이나 물품을 말한다.

'프로보노(Pro Bono)'는 공익을 위하여 전문적인 지식이나 서비스를 제공하는 것이다. 현재 다양한 분야의 서비스로 확대되고 있으며, 자문, 교육, 법률 서비스 등 전문 분야를 무료로 제공하는 기부 형태를 일컫는다.

'용역(用役, service)'은 재화 외에 형태를 취하지 아니하고 생산과 소비에 필요한 노무를 제공하는 행위를 말한다.

'재능기부(才能寄附)'는 사회 단체 또는 공공 기관 등에 개인이 갖고 있는 다양한 경험과 지식을 아무런 대가 없이 나눔을 실천하고 제공하는 행위를 말한다.

기부자와 봉사자는 어떤 대가를 염두에 두고 조건부로 기부나 봉사 활동을 하지 않지만, 국가나 사회에서는 기부와 봉사 활동을 장려하기 위해 다양한 제도를 마련하고 있다. 그중 하나가 세제 혜택이다. 앞서 개념을 정리하기는 했지만, 이것을 현장에서 해석하고 적용하기에는 여전히 모호한 부분이 있다.

---

33 기부금품의 모집 및 사용에 관한 법률 제2조 1항

🗄 기부와 봉사

비록 아무 대가 없이 봉사 활동, 즉 용역을 제공했지만, 이에 대해 기부자가 세제 혜택을 받을 수 있다면 행위를 더욱 촉진할 수 있을 것이다. 하지만 봉사 활동은 가액 산정의 문제로 인해 현실적으로 세제 혜택을 적용하기 어렵다.

소득세법[34], 국세청 홈택스 상담 사례, 공익법인회계기준 등을 종합해 보면 기부금에 대한 세제 혜택은 현금과 물품만 해당한다. 자원봉사의 경우는 특별재난지역으로 선포된 지역에서의 봉사 활동만 기부금 세제 혜택이 인정[35]된다. 용역, 재능기부로 표현된 전문 지식이나 기술, 서비스는 가치를 합리적으로 산정하는 것이 불가능하기 때문에 기부금 수익으로 인식할 수 없다.[36] 용역 기부가 실제 이익을 주는 것은 분명하지만 그것에 대한 가치를 신뢰성 있게 측정하기 어렵기 때문에 기부금 수익에서 제외[37]하고 있다.

따라서 용역(미용, 학습, 공연, 자문 등 전문 기술이나 서비스의 제공)을 무상으로 제공하는 것은 기부금영수증 발행 대상이 아니다. 자체적으로 발행한 상품권 및 입장권 또한 기부금영수증 발행 대상이 아니다. 다만, 외부에서 구입한 티켓이나 상품권의 경우는 구매한 영수증을 증빙하면 기부금으로 인정된다.

- 기부금에 대한 세제 혜택은 현금과 물품에 한하며, 용역이나 재능기부로 표현된 전문적인 지식이나 기술, 서비스는 가치를 합리적으로 산정하는 것이 불가능하므로 기부금 수익을 인식할 수 없다.

- 현물이나 현금은 기부를 통해 기부 단체에 귀속되어 독립적으로 처분할 수 있는 법적인 권한이 있으나 용역의 경우 일시적인 사용의 개념이므로 소유 개념이 아니다(『서울, 기부길라잡이』 89~90쪽).

- 현금이나 현물이 아닌 재능이나 서비스를 기부받는 경우에는 이러한 재능이나 서비스에 대한 가치를 합리적으로 산정하는 것이 불가능하기 때문에 기부금 수익으로 인식할 수 없다(『공익법인회계기준 실무지침서』 130쪽, 『비영리조직 회계 기준 해설서』 53~54쪽).

---

34 소득세법 제34조
35 서울특별시. 2019. 『서울, 기부길라잡이』
36 기획재정부. 2018. 『공익법인회계기준 실무지침서』
37 한국공인회계사회. 2018. 『알기쉬운 공익법인회계기준 매뉴얼』

세법에서 인정하는, 기부금 처리가 되는 무상 용역은 특별재난지역으로 선포된 지역에서의 자원봉사 용역이 유일하다. 여기서 '특별재난지역'은 재난으로 대규모 피해를 본 지역의 신속한 구호와 복구를 위해 대통령이 선포하는 지역으로 법에서 정의하고 있다. 자원봉사자가 특별재난지역에서 봉사 활동을 하는 경우 해당 지방자치단체의 장 또는 당해 지방자치단체에 설치된 자원봉사 센터의 장이 이를 확인하고 특별재난지역 자원봉사 용역 등에 대한 기부금 확인서[38]를 발급한다. 이 경우[39] 봉사 일수(봉사 일수=총 봉사 시간÷8시간, 소수점 이하는 올림)에 5만 원을 곱한 금액으로 기부금가액을 산정할 수 있다. 부수적으로 발생하는 유류비, 재료비 등의 직접 비용도 기부금에 포함되며 시가 또는 장부가액으로 적용된다.

누군가 재능기부나 봉사 활동 상담 중 기부 세제 혜택에 대해 질문한다면 다음과 같이 안내한다.

첫째, 현금이나 현물이 아닌 재능기부나 봉사 활동의 경우에는 특별재난지역에서의 봉사 활동이 아니면 세제 혜택을 받을 수 없다.

둘째, 재능기부나 봉사 활동에 필요한 재료비가 소요된다면 그 재료비에 한하여 현물기부로 처리하고 현물기부와 관련된 가치 산정은 시가나 공장도 가격으로 한다. 이 경우 기부 주체별(법인 또는 개인) 세무상 가액 산정 방식은 다르다.

---

38 소득세법 시행규칙 별지 제36호의 2서식
39 소득세법 시행령 제81조 제5항 제1호

Q 서해안 바다에서 일어난 기름 유출 사고로 특별재난지역으로 선포된 지역의 어민을 도와주기 위해 자원봉사를 했는데요, 이 경우에도 기부금 공제를 받을 수 있을까요?[40]

A '재난 및 안전관리 기본법'에 따른 특별재난지역을 복구하기 위해 자원봉사를 한 경우는 법정 기부금에 해당하며, 특별재난지역의 지방자치단체로부터 기부금 확인서를 발급받아 연말정산 시 기부금 공제를 받을 수 있다.

자원봉사를 통한 기부 활동

- 재난 및 안전관리 기본법에 따른 특별재난지역을 복구하기 위해 자원봉사를 한 경우 그 용역의 가액은 법정기부금에 해당된다.
- 이때, 자원봉사 용역의 가액은 다음에 따라 계산한 금액의 합계액으로 한다.
  1. 다음의 계산식에 따라 계산한 봉사 일수에 5만 원을 곱한 금액(소수점 이하의 부분은 1일로 보아 계산함). 이 경우 개인사업자는 본인의 봉사분에 한함.
     - 봉사 일수 : 총 봉사 시간÷8시간
  2. 당해 자원봉사 용역에 부수되어 발생하는 유류비·재료비 등 직접 비용
     - 제공할 당시의 시가 또는 장부가액
- 해당 자원봉사 용역(특별재난지역으로 선포되기 이전에 같은 지역에서 행한 자원봉사 용역을 포함함)은 특별재난지역 지방자치단체의 장(해당 지방자치단체의 장의 위임을 받은 단체의 장 또는 해당 지방자치단체에 설치된 자원봉사 센터의 장을 포함함)으로부터 기부금 확인서를 발급받아 확인이 가능하다.

Q 특별재난지역에서 자원봉사를 하는 것이 아니라, 인적 용역을 제공하여 자원봉사를 한 경우에는 기부금 공제를 받을 수 있나요?[41]

A 개인이 사회복지시설에 무상으로 자문 용역을 제공하거나 의료 업자가 무료 치료·수술 등의 의료 용역을 제공하는 경우와 같이 인적 용역을 기부한 경우에는 해당 금액을 기부자의 수입으로 산입하지 않고 무상으로 제공한 용역도 기부금에 해당하지 않아 기부금 공제를 받을 수 없다(국세청 질의 회신(소득세과-306, 2012. 4. 29. 개인이 사회복지시설에 무상 제공하는 자문 용역의 대가 상당액이 기부금에 해당하는지 여부) 참조).

---

40 찾기쉬운 생활법령정보, 본문 중
41 찾기쉬운 생활법령정보, 100문 100답 중

현물을 기부받고 사용하는 과정에서 투명하게 관리를 하기 위해서는 사전에 조직 내부의 규칙 또는 업무 매뉴얼을 마련하여 현장의 혼선을 방지해야 한다. 즉, 투명한 모집 및 사용을 위한 기관의 준비 사항을 살펴봐야 한다.

PART 5

투명한 모집 및 사용을 위한
기관의 준비

1. 현물 모집 및 사용을 위한 내부 규칙

현물기부는 현금기부와 사회적으로 동일한 가치를 가지므로 현물을 취급할 때에도 투명하게 사용하고 관리해야 하는 책무가 따른다. 현물을 기부받고 사용하는 과정을 투명하게 관리를 하기 위해서는 사전에 조직 내부의 규칙 또는 업무 매뉴얼을 마련하여 현장의 혼선을 방지하도록 한다.

지침과 매뉴얼을 만들 때 참고할 수 있는 내용은 다음과 같다.

현물 모집 및 사용을 위한 내부 규칙(안)

1. 규칙의 목적

2. 현물기부 이행 시 검토 사항
- 조직의 미션과 사업 목적에 맞는 기부인지
- 기부자(처)의 정당한 행위와 과정을 통해 조성된 기부인지
- 정치적으로 기부 사례를 이용하려 할 때 어떻게 할 것인지
- 합법적으로 사용이 불가능하거나 위험성이 있는 물품은 어떤 기준으로 취급할 것인지(예 : 총기, 화학 약품 등)
- 인권, 복지, 환경에 저해되는 사업 영역의 제품을 기부하려 할 때 수락할 것인지
- 기업이나 제품의 부정적 이미지를 희석시키기 위한 목적으로 제안해 올 때 수락할 것인지
- 기부 수락 결정이 어려운 경우 내부적으로 어떤 논의 절차를 밟아 결정할 것인지
- 기부 제안이나 문의를 받았을 때 기부 확정 전 기업과 제품에 대한 정보를 어떤 방법으로 파악할 것인지
- 협력 사업 진행 시 일자별 이행 기록을 어떤 방법으로 남길 것인지(미팅 내용, 진행 과정에서의 변경 및 확정 사항 등)

3. 현물기부 업무 단계별 관리 책임 부서 및 주의 사항
- 배분 수칙
- 배분 전결 규정
- 문의 응대 규정
- 개인정보 보호 관련 규정

4. 보관 및 폐기 관리

5. 기부자 결과 보고
- 협력 사업 진행 이행 정도, 결과 등에 대해 기부자(처)에게 보고하는 방법
- 기부자 감사 방식

6. 법정 결과 보고

2. 딜레마와 대응 전략

현물기부는 비현금기부를 총칭하며 식품이나 생필품과 같은 물품에서부터 교육이나 정보 제공의 서비스 영역까지를 포괄[42]하기 때문에 그 범위가 매우 광범위하다. 그렇기 때문에 다양한 사례와 상황을 법령에서 구체적으로 명시할 수 없다.

또한 현금성 기부는 금액으로 분명하게 표기되지만, 현물 기부는 하나의 단위로 그 양을 측정하기 어려운 경우가 많다. 물품의 상태와 적용되는 평가 방식 등에 따라 경제적 가치 평가가 달라질 수 있다.

현물기부와 관련된 딜레마 상황에서 어떤 결정을 하느냐에 따라 기관의 목표나 성과에 영향을 미칠 수 있다. 경우에 따라 법적인 책임을 져야 할 상황에 놓이거나 도덕적 비난을 받아야 되는 상황도 생길 수 있다.

현물기부와 관련된 딜레마는 '기부자의 성의를 무시하는 것처럼 보여서', '기부를 받지 못할 것 같아서', '기부자와의 장기적인 관계 유지', '다음 후원 연계를 위한 관계 형성', '현금기부로 이어지는 상황에 대한 기대', '기관 이미지 손상' 그리고 내부 이해 관계자와의 관계 등과 관련된 요인으로 더욱 복잡해지는 양상을 보인다.

실무에서 발생하는 구체적인 딜레마 상황과 합리적인 대처 방식을 살펴보자.

---

42 권진·이상우. 2020. "한국 푸드뱅크 모델의 전파 가능성에 대한 탐색 : 몽골 푸드뱅크 사례를 중심으로". 『생명연구』. 55

딜레마 상황 1

목표 달성을 위해 현물만큼 짧은 시간에 성과가 나타나는 것도 없다. 그래서 당초 계획에 없던 물품을 받는다거나, 현재 필요하지 않은 물품을 받거나, 수혜자가 크게 원하지 않는 것을 수령하기도 한다. 여기저기 주는 대로 받다 보니 정작 필요한 자원보다 처리하기 어려운 자원들이 쌓이거나 필요 없는 자원이 배분되기도 한다. 우리에게 현물기부는 어떤 의미일까? 단순하게 실적을 위한 수단인가?

➡ 현물을 다루는 기관에서는 미션과 비전 그리고 목적사업이 반영된 필요 자원 계획과 기준이 있어야 한다. 이를 바탕으로 현물기부 수령과 배분 지침 또는 매뉴얼을 구비해 놓고 문의가 들어왔을 때 기준으로 삼으면 된다.

딜레마 상황 2

기부물품의 가액 산정 기준은 기부자(처)의 유형, 현물의 종류나 품목에 따라 적용하는 법률 기준이 다르고 이 기준이 명확하지 않은 경우도 있어 단일한 기준을 적용하기 매우 어렵다. 기부자가 단가 책정을 무리하게 높게 요구하거나, 중고 물품에 대한 가격 산정이 어려워 난처한 경우가 있다. 기부금영수증 등 기부자(처)의 소득과 세금에 연관되기에 불안감이 더욱 높다. 사회적으로 인정되는 '공정가치'에 근거한다고 하지만 그에 대한 증빙 서류를 첨부하는 것도 어렵다.

➡ 물품가액 산정 기준에 대한 관련 법은 미리 알아두어야 한다. 법이 포괄하지 못하거나, 명확하지 않은 부분에 대해서는 물품 상태나 유통기한에 따라 자체 환가 기준을 제정하고, 되도록 주무관청의 확인을 거쳐 이를 내부 규정으로 만든다. 초기 상담 시 특히 환가 기준과 증빙 서류를 안내한다.

딜레마 상황 3

물품 수령 시 처음 상담 때 약속한 것과 다른 상황이 발생할 수 있다. 물품 훼손, 오염이나 물량 부족 등의 상황을 예로 들 수 있다. 특히 물량이 많은 경우 전량 확인을 못 하고 부분적으로 확인하는데, 이후 배분 시 곤란한 상황이 발생할 수 있다. 이 경우 수령 과정에서 거절해야 하는 상황이 발생한다면 어떻게 해야 할까?

➡ 문의 응대 과정에서 기부자(처)에게 기관의 물품 검수 절차를 안내하고, 물품 수령 시 기부자(처)와 함께 수량과 상태를 점검하도록 한다. 대량이어서 수량 파악이 어려운 경우 포장 단위의 수량을 파악하거나 포장 해체 시 수량의 차이가 있을 경우 기부자(처)에게 내용을 알려야 한다. 상담 때 약속한 물품과 다른 물품을 보내는 경우에는 인수를 거절할 수 있음을 사전에 안내하는 것도 필요하다.

딜레마 상황 4

기관과 수혜 대상자에게 필요 없는 물품, 하자가 있거나 너무 낡은 중고품, 유통기한이 얼마 남지 않은 식품, 기존 기부자(처)와의 관계나 관계 확대를 위해 억지로 받아야 되는 물품 등과 같은 부적절한 물품을 받아야 하는 상황은 성과 달성을 위해서라거나 기부자와의 관계 때문이라고는 하지만, 사실은 우리가 무엇을 위해 어떤 자원이 필요한지에 대한 내부적 원칙과 약속이 없기 때문일 것이다.

➡ 현물을 받을 수 있는 것과 받을 수 없는 것에 대한 기준이 있어야 한다. 기준에는 물품 종류, 유통기한, 물품 상태가 포함되어야 하며 물품이 사용되는 지원 사업과 대상에 대한 정보가 포함되어야 한다.

딜레마 상황 5

현장에서 별로 필요로 하지 않는 물건들을 배분할 때 실무자들은 어려움과 딜레마를 경험한다. 촉박한 기한 때문에 빠르게 배분해야 하는 경우, 고가의 물품, 상태가 좋은 물품을 배분할 때 실무자의 인맥에 따라 배분이 결정되는 경우 역시 딜레마를 경험한다.

➡ 현물 배분 지침이나 매뉴얼이 필요하다. 규정 안에 담을 수 없는 구체적인 사항에 대해서는 일정 부분 전결권자의 재량에 맡기는 것도 필요하나, 이 경우 전결권자의 윤리 의식과 도덕성도 중요하며, 위임에 따른 리스크가 없는지 잘 확인해 두어야 한다.

딜레마 상황 6

바자회 운영에 있어서 좋은 물건을 기관 종사자가 먼저 선점하거나 판매가액을 더 낮추는 경우 또는 바자회 이후 잔여 물품을 기관 행사 기념품으로 처리하는 경우 등이 발생할 수도 있다.

➡ 잔여 물품 처리에 대한 규정을 미리 준비하여 재배분(재기부)과 같은 방식으로 처리하도록 한다. 처음 기부 목적과 다른 용도로 사용한다면, 사전에 기부자(처)에게 변경 사실을 알리고 허락을 받는 과정이 필요하다. 바자회 물품을 종사자가 먼저 선점하거나 판매가액을 낮추는 것은 윤리적으로 매우 민감한 사항이므로 현장에서 관리 감독이 적절하게 이뤄져야 한다.

딜레마 상황 7

기부자(처)가 사전에 수혜자의 이미지 노출을 요구하는 경우나 기관 스스로 재기부로 이어지게 하기 위해 기부자(처)에게 수혜자를 노출시킨 이미지를 넣어 결과 보고를 하는 경우가 있다.

➡ 기부자(처)가 결과 보고를 위해 수혜자의 이미지 노출을 요청한 경우에는 사전에 수혜자의 권리 사항(초상권 등)에 대해 안내해야 한다. 기관은 결과 보고를 위해 수혜자의 이미지를 노출시키는 방법 외에 다른 합리적인 방법을 고민해야 하며, 수혜자 노출이 꼭 필요한 경우에는 직접 노출이 아닌 간접 노출 방식을 선택할 수도 있다.

지금까지 현물기부가 진행되는 동안 발생하는 딜레마 상황과 기관의 대응 방안을 살펴보았다. 현물기부와 관련된 딜레마 상황은 항시 직면할 수 있으므로, 실무자는 다음 사항을 염두에 두어 딜레마 상황에 대비하여야 한다.

첫째, 개인과 기관의 양심과 도덕성을 제고해야 한다. 현물기부와 관련해 아무리 많은 법적 기준이 보완되고 규정이 만들어진다고 해도 현장에서의 딜레마 상황은 언제나 발생할 수 있다. 개인과 기관은 양심과 도덕성을 자율 진단할 기회를 스스로 만들어 투명성 확보를 해야 한다.

둘째, 도덕과 윤리, 관련 정보(법, 지식 등)와 기술에 대한 조직 차원의 교육과 훈련이 지속적으로 이루어져야 한다. 아쉽게도 일부 현장에서는 투명성 확보를 위한 교육은 받지 않으면서 딜레마로 치부해 버리는 경우도 있다.

셋째, 딜레마 상황을 논의할 수 있는 조직 문화를 만들어야 한다. 문제에 대한 인식과 의견을 공론화하고 토론하는 개방적 문화가 필요하다. 공론화하고 토론하는 과정을 통해 기관의 미션과 비전이 지향하는 가치와 방향성에 대해 점검하는 계기도 될 것이다.

이러한 현장의 딜레마 해결 노력을 포함하여, 법 제도의 보완이 필요하다. 환산가에 대한 좀 더 명확한 기준, 기부물품의 회계와 세법상 취득가액의 일치 문제, 세법상 기부금영수증가액과 취득가액의 시가 통일, 바자회 등 현금화 과정의 특성을 반영한 합리적인 가액 산정 기준이 마련되어야 한다.

기부에도 에티켓이 있다

기부자의 Big Question

기부자도 무엇을 주어야 할지, 주지 말아야 할지 고민한다. 그럴 때 전성기 재단에서 제작한 '기부 에티켓 7계명'을 알려 주는 것이 어떨까?

기부 에티켓 7계명

하나, 입던 옷을 기부할 때는 미리 세탁한다.

속옷, 양말, 단체복은 기부하면 안 된다. 내가 봐도 얼룩이 심하거나 때가 찌든 옷은 바로 기부하면 안 된다. 기부처는 일손이 부족해 세탁이나 수선을 할 수 없는 상황이다. 따라서 미리 세탁해 최대한 청결한 상태로 제공하는 것이 옳다. 또한 속옷이나 양말은 새 상품이 아닌 이상 대부분 폐기된다는 것을 명심하자.

둘, 사용한 기저귀나 젖병은 기부하지 않는다.

영유아 잡화를 기부하는 사례가 많은데 이때도 주의가 필요하다. 상태가 양호한 장난감, 인형, 자전거, 유모차 등은 가능하지만 욕조, 유축기, 치발기, 대형 미끄럼틀, 아기 접이식 침대 등은 기부 품목이 아니다. 또한 물건을 사용할 유아들의 건강을 고려해 기저귀나 젖병은 개봉하지 않은 제품만 보내야 한다.

셋, 소형 가전제품은 사용에 필요한 부속물과 함께 AS가 가능한 제품이어야 한다.

종종 커피포트를 보내면서 전기 케이블을 보내지 않는 경우가 있는데, 아무리 비싼 제품이라도 받는 사람이 사용할 수 없으면 폐기 처분된다. 받는 사람이 바로 사용할 수 있게 부속물을 함께 보내는 것은 물론, 수리가 가능한, 제조 연도 7년 이내의 제품을 보내야 한다.

넷, 변색되거나 낙서가 많은 책은 미리 골라낸다.

이 책을 받아 읽을 사람을 생각하면서 기증할 책을 골라야 한다. 또한 성인 도서나 만화책, 종교 서적은 제외한다.

다섯, 아동 도서는 7년 내 출간된 것으로. 맞춤법, 표현 방식이 달라질 수 있으니까.
아동 시리즈 도서의 경우 전집으로 기부하는 것이 바람직하다. 한편 학습지나 어학
용 CD, 비디오, 카세트테이프는 기부 대상이 아니다.

여섯, 쓰던 화장품이나 남은 기간이 6개월 미만인 화장품은 안 된다.
패션, 미용 잡화는 특별히 가리지 않지만, 화장품과 향수 등은 유통기한을 확인해야
한다. 미개봉 상태로 유통기한이 6개월 이상 남은 제품만 가능하다.

일곱, 코팅이 벗겨진 프라이팬, 기름때 잔뜩 낀 주방 용품도 제외한다.
물품기부의 기준은 '이 제품을 남이 사용할 수 있는가.'이다. 내가 쓰지 않는, 버리고
싶은 물건이면 다른 사람 역시 같은 생각이다.

현장에서 빈번하게 제기되는 궁금증에 대한 빠른 답변이다. 그러나 다양한 사실 관계에 따라 해석이
다를 수 있으므로 제시된 '참고 예규 및 관련 사례'를 꼼꼼히 살펴봐야 한다.

PART 6

Q&A로 알아보는 현물기부

Q [현장 질문] 택배 서비스도 기부금영수증 발행이 가능한가요?

A [빠른 답변] 택배 회사가 무상으로 택배 용역을 제공하는 것은 용역에 해당하고, 무상으로 제공한 용역은 기부금에 해당하지 않는다. 따라서 무상으로 택배 서비스를 제공받았다 하더라도 기부금영수증을 발급할 수 없다.

[참고 예규 및 관련 사례]

[사건 번호] 소득세과-306, 2012. 04. 09.
개인이 사회복지시설에 무상 제공하는 자문 용역의 대가 상당액은 기부금에 해당하지 않는 것임.

[사건 번호] 서면1팀-1443, 2004. 10. 26.
의료업을 영위하는 사업자가 치료·수술 등의 의료 용역을 무료로 실시하고 지급받지 아니하는 금액은 당해 의료 업자의 총수입 금액에 산입하지 아니하는 것이며, 그 무상으로 제공하는 의료 용역의 대가 상당액은 기부금에 해당하지 않는 것임.

[사건 번호] 소득세과-1005, 2011. 11. 30
의료 업자가 무상으로 제공하는 의료 용역의 대가 상당액은 기부금에 해당하지 않는 것임.

[사건 번호] 서면-2020-법인-1666, 2020. 04. 20
지정기부금단체가 음식업을 영위하는 내국 법인으로부터 음식 용역을 무상으로 제공받으면서 재료비 상당액도 함께 제공받는 경우에는 해당 재료비에 대해 기부금영수증 발급이 가능한 것임.

Q [현장 질문] 공간을 건물주로부터 기부받아 무상으로 사용하고 있어요. 기부금영수증 발행이 가능한가요?

*이 질문은 부동산 임대의 기부금영수증 발행 가능 여부, 캠핑장 사용에 대한 기부금영수증 발행 가능 여부, 호텔 등 숙박권에 대한 기부금영수증 발행 가능 여부 등 공간 임대에 대한 기부금영수증 발행이 가능한지에 대한 내용이다.

A [빠른 답변] 공익법인이 법인 또는 개인으로부터 부동산을 무상으로 임대하여 사용하거나, 캠핑장 및 호텔 등의 숙박을 무상으로 제공받는 경우, 해당 부동산 등의 임대료 및 사용료의 시가 상당액을 기부금으로 보며, 기부금영수증 발급이 가능하다. 이때 무상 제공자가 법인인 경우 특수관계가 있으면 시가와 장부가액 중 큰 금액, 특수관계가 없으면 장부가액으로 기부금영수증을 발급하고, 개인인 경우 시가와 장부가액 중 큰 금액으로 기부금영수증을 발급한다.

[참고 예규 및 관련 사례]

[사건 번호] 서면-2017-법인-0108, 2017. 05. 17.
내국 법인이 특수관계인인 지정기부금단체 등에 부동산을 무상 임대하고 당해 단체에서 고유목적사업에 사용하는 경우 임대료 시가 상당액을 지정기부금으로 보는 것임.

서면법령해석-32, 2015. 01. 09.
관광 숙박업을 영위하는 법인이 지정기부금단체에 객실을 무상으로 제공하는 경우에는 객실 숙박료 상당액을 지정기부금의 가액으로 하는 것으로, 이때 객실 숙박료 상당액은 법인세법 제52조 제2항의 규정에 의한 시가로 하는 것임.

법인-481, 2014. 11. 19.
내국 법인이 토지를 지방자치단체에 무상으로 임대하는 경우에는 해당 토지의 적정 임대료 상당액을 법인세법 제24조 제2항 제1호의 규정에 의한 기부금으로 보는 것임.

법인-1082, 2010. 11. 22.
내국 법인이 사업과 직접 관계없이 법인세법 시행령 제36조에 의한 지정기부금단체에 부동산을 무상 임대하고 당해 단체에서 고유목적사업에 사용하는 경우 임대료 시가상당액을 지정기부금으로 보는 것임.

법인-497, 2009. 04. 24.
내국 법인이 사립학교법에 의한 사립학교에 시설비·교육비·장학금 또는 연구비로 지출하는 기부금은 당해 법인과 학교 법인 간 특수관계 유무에 관계없이 법인세법 제24조 제2항의 규정에 따라 법정기부금으로 보는 것이나, 조세 부담을 부당하게 감소시킬 목적으로 주주 등 특수관계가 있는 학교 법인 등에 사실상 이익을 분여한 것으로 인정되는 때에는 법인세법 제52조의 '부당 행위 계산의 부인' 규정이 적용되는 것이며, 이 경우 이익을 분여하였는지 여부는 실질 내용에 따라 사실 판단할 사항임.

Q [현장 질문] 화장품 회사에서 화장품을 후원하였습니다. 유통기한이 5개월 정도로 임박한 제품인데 금방 소진할 수 있어서 후원을 받았습니다. 제품의 정가는 25,000원이고, 500개를 후원하며 기부금영수증 1,250만 원을 요청하였습니다. 그런데 확인해 보니 해당 화장품 회사가 직접 운영하는 쇼핑몰에서 유통기한이 5개월 정도로 임박한 제품을 정가 25,000원에서 할인하여 7,900원에 판매하고 있습니다. 이런 경우, 기부금영수증을 1,250만 원으로 발급해도 문제가 없나요?

A [빠른 답변] 화장품 회사가 법인이고 화장품 회사와 지정기부금단체가 특수관계가 있는 경우 현물기부받은 화장품의 시가는 화장품 회사의 장부가액과 해당 제품이 판매되는 시장 가격(시가) 중 큰 금액을 기부가액으로 기부금영수증을 발급한다. 따라서 질의의 경우 유통기한 5개월 내외의 제품이 쇼핑몰에서 판매되는 7,900원이 시가가 되며, 장부가액이 시가보다 큰 경우 그 장부가액으로 기부금영수증을 발급하고, 장부가액을 확인할 수 없는 경우 시가로 기부금영수증을 발급한다(화장품 회사가 개인사업자인 경우 동일). 화장품 회사와 지정기부금단체가 특수관계가 없는 경우에는 현물로 기부받은 화장품의 장부가액을 화장품 회사의 기부가액으로 보아 기부금영수증을 발급한다.

[참고 예규 및 관련 사례]

[사건 번호] 서면인터넷방문상담2팀-880, 2005. 06. 21.
기부금품의 시가 또는 장부가액의 적용 기준은 기부를 하는 내국인의 장부가액 또는 기부 당시 법인세법 또는 소득세법에서 정한 시가를 기준으로 하여야 하는 것임.

Q [현장 질문] 중고품이거나 이월 물품(제품의 질이 떨어지는 경우 등)인 경우 기부 환산가액을 어떤 방식으로 처리해야 하나요? 바자회 판매 금액으로 기부금영수증을 발급해야 한다는 일부의 주장도 있는데 맞는 걸까요?

A [빠른 답변] 중고 물품의 시가 또는 장부가액을 확인할 수 있는 경우, 기부 환산가액은 기부자가 법인인지 개인인지에 따라 다르다. 기부자가 법인이고 지정기부금단체와 특수관계가 있는 경우에는 시가 또는 장부가액 중 큰 금액을 기부 환산가액으로 하며(기부자가 개인인 경우도 동일), 특수관계가 없는 경우에는 장부가액을 기부 환산가액으로 본다. 다만, 중고품의 시가 또는 장부가액을 확인할 수 없는 경우에는 지정기부금단체가 해당 물품을 판매할 때 재판매되는 가액을 기부가액으로 본다.

[참고 예규 및 관련 사례]

[사건 번호] 법인46012-1685, 1994. 06. 08.
시장성이 없는 재고 자산을 사회복지단체에 기부하는 경우, 기부가액은 기부 당시에 실제 판매할 수 있는 통상거래가액으로 하는 것임.

Q [현장 질문] 중고 자동차 기부 시 가액 산정은 어떻게 하나요?

A [빠른 답변] 개인인 기부자가 중고 차량을 기부한 경우, 감정 평가를 받아 감정가액으로 기부금영수증을 발급할 수 있다. 감정 평가를 받지 않는다면 지방세법 제4조 및 동법시행령 제4조 제1항 제3호에 따른 시가표준액으로 기부금영수증을 발급할 수 있다. 법인이 기부하는 경우에는 장부가액이 확인되는 경우 장부가액을 기준으로 기부금영수증을 발급해야 한다.

[참고 예규 및 관련 사례]

지방세법시행령 제4조 제1항 제3호
차량 : 차량의 종류별·승차 정원별·최대 적재량별·제조 연도별 제조 가격(수입하는 경우에는 수입 가격을 말한다) 및 거래 가격 등을 고려하여 정한 기준 가격에 차량의 경과 연수별 잔존 가치율을 적용한다.

[사건 번호] 도 세정과13421-276, 1994. 04. 08.

지방세법 제111조 제1항의 규정에 의거, 취득세의 과세 표준은 취득 당시의 신고가액으로서 신고 또는 신고가액의 표시가 없거나 그 신고가액이 과세 시가표준액에 미달하는 경우에는 과세 시가표준액으로 하는 것임.

지입 차주가 신고한 취득 당시의 신고가액이 취득세 과세 표준이며, 그 가액이 시도지사가 조사 결정한 차량 과세 시가표준액보다 낮을 경우에는 그 과세 시가표준액이 되는 것이며 월할 계산 방법은 적용하지 아니함.

Q [현장 질문] 고가의 디자이너 제품을 기부받을 때 장부가액 제출이 안 되어 가액 산정에 어려움이 있는데 가액 산정은 어떻게 하나요?

A [빠른 답변] 디자이너를 개인으로 간주한다면, 디자이너가 해당 제품을 만들 때 투입된 제품의 원가를 장부가액으로 보아 기부금영수증을 발급해야 하는 것이나, 일반적으로 해당 장부가액을 확인하는 것은 어려우므로 이 경우 시가 또는 장부가액이 불분명한 경우에 해당하여 해당 제품이 재판매될 때의 가액을 기부가액으로 보아 기부금영수증을 발급하는 것이 타당하다.

[참고 예규 및 관련 사례]

[사건 번호] 법인46012-1685, 1994. 06. 08.

시장성이 없는 재고 자산을 사회복지단체에 기부하는 경우 기부가액은 기부 당시에 실제 판매할 수 있는 통상거래가액으로 하는 것임.

Q [현장 질문] 기부자가 제시한 장부가액이 터무니없이 높을 때 어떻게 하나요?

A [빠른 답변] 기부자가 법인인 경우 지정기부금단체와 특수관계 여부에 따라 다르다. 기부자가 법인이고 지정기부금단체와 특수관계가 있는 경우, 시가 또는 장부가액 중 큰 금액을 기부가액으로 보며, 특수관계가 없는 경우에는 장부가액을 기부가액으로 본다. 기부자가 개인인 경우에는 기부자의 장부가액을 기부가액으로 본다. 기부자의 장부가액이 터무니없이 높은 경우일지라도, 기부자가 적용받는 법률에 따라 지정기부금단체는 그것을 기부가액으로 보아야 한다.

Q [현장 질문] 기부자가 영수증을 분할하여 발급해 달라고 할 때 어떻게 해야 하나요?

A [빠른 답변] 지정기부금단체가 기부금을 받은 경우 실제 기부받은 날을 시점으로 수익 또는 순자산으로 인식해야 하며, 기부금영수증을 사실과 다르게 발급한 경우 지정기부금단체는 사실과 다르게 발급된 금액의 5%를 가산세로 부담하여야 한다. 기부자의 요청에 따라 기부금영수증을 분할하여 발급하는 경우 기부금영수증 발급 불성실 가산세를 부담하게 된다.

[관련 법령]

공익법인회계기준 제26조 기부금 등의 수익 인식과 측정
① 현금이나 현물을 기부받을 때에는 실제 기부를 받는 시점에 수익으로 인식한다.
② 현물을 기부받을 때에는 수익 금액을 공정가치(합리적인 판단력과 거래 의사가 있는 독립된 당사자 사이의 거래에서 자산이 교환되거나 부채가 결제될 수 있는 금액을 말한다. 이하 같다.)로 측정한다.
③ 납부가 강제되는 회비 등에 대해서는 발생주의에 따라 회수가 확실해지는 시점에 수익을 인식할 수 있다.
④ 기부금 등이 기본 순자산에 해당하는 경우 사업 수익으로 인식하지 않고 기본 순자산의 증가로 인식한다.

법인세법 제75조의 4 기부금영수증 발급 · 작성 · 보관 불성실 가산세
① 기부금영수증을 발급하는 내국 법인이 다음 각 호의 어느 하나에 해당하는 경우에는 다음 각 호의 구분에 따른 금액을 가산세로 해당 사업 연도의 법인 세액에 더하여 납부하여야 한다 (2018. 12. 24. 신설).
1. 기부금영수증을 사실과 다르게 적어 발급(기부 금액 또는 기부자의 인적 사항 등 주요 사항을 적지 아니하고 발급하는 경우를 포함한다. 이하 이 조에서 같다)한 경우(2018. 12. 24. 신설).
가. 기부 금액을 사실과 다르게 적어 발급한 경우 : 사실과 다르게 발급된 금액(영수증에 실제 적힌 금액(영수증에 금액이 적혀 있지 아니한 경우에는 기부금영수증을 발급받은 자가 기부금을 손금 또는 필요 경비에 산입하거나 기부금 세액공제를 받은 해당 금액으로 한다)과 건별로 발급하여야 할 금액과의 차액을 말한다)의 100분의 5(2019. 12. 31. 개정).
나. 기부자의 인적 사항 등을 사실과 다르게 적어 발급하는 등 가목 외의 경우 : 영수증에 적힌 금액의 100분의 5(2019. 12. 31. 개정).
2. 기부자별 발급명세를 제112조의 2 제1항에 따라 작성 · 보관하지 아니한 경우 : 작성 · 보관하지 아니한 금액의 1천 분의 2(2018. 12. 24. 신설).

Q [현장 질문] 타인의 현물기부에 대해 자기 명의로 기부금영수증을 발급해 달라고 요구합니다. 가능한가요?

A [빠른 답변] 기부금영수증 발급 시 기부 금액 또는 기부자의 인적 사항 등을 반드시 기재해야 한다. 기부자와 기부금영수증을 발급받는 자가 다른 경우, 기부금영수증 발급 불성실 가산세가 부과된다. 기부자의 인적 사항 등을 사실과 다르게 적어 발급하는 경우, 기부금영수증에 적힌 금액의 5%를 가산세로 부과한다.

[관련 법령]

법인세법 제75조의 4 기부금영수증 발급·작성·보관 불성실 가산세
① 기부금영수증을 발급하는 내국 법인이 다음 각 호의 어느 하나에 해당하는 경우에는 다음 각 호의 구분에 따른 금액을 가산세로 해당 사업 연도의 법인 세액에 더하여 납부하여야 한다 (2018. 12. 24. 신설).
1. 기부금영수증을 사실과 다르게 적어 발급(기부 금액 또는 기부자의 인적 사항 등 주요 사항을 적지 아니하고 발급하는 경우를 포함한다. 이하 이 조에서 같다)한 경우(2018. 12. 24. 신설).
가. 기부 금액을 사실과 다르게 적어 발급한 경우 : 사실과 다르게 발급된 금액(영수증에 실제 적힌 금액(영수증에 금액이 적혀 있지 아니한 경우에는 기부금영수증을 발급받은 자가 기부금을 손금 또는 필요 경비에 산입하거나 기부금 세액공제를 받은 해당 금액으로 한다)과 건별로 발급하여야 할 금액과의 차액을 말한다)의 100분의 5(2019. 12. 31. 개정).
나. 기부자의 인적 사항 등을 사실과 다르게 적어 발급하는 등 가목 외의 경우: 영수증에 적힌 금액의 100분의 5(2019. 12. 31. 개정).
2. 기부자별 발급명세를 제112조의 2 제1항에 따라 작성·보관하지 아니한 경우 : 작성·보관하지 아니한 금액의 1천분의 2(2018. 12. 24. 신설).

Q [현장 질문] 부모님이 직접 재배한 농산물을 기부할 때 가액 산정은 어떻게 하나요?

A [빠른 답변] 개인이 현물을 기부하는 경우 기부가액은 기부자의 시가 또는 장부가액 중 큰 금액을 기부금영수증 발급 금액으로 본다. 다만, 직접 재배한 농작물에 대해서는 장부가액을 파악할 수 없는 것이 일반적이기 때문에, 해당 농산물의 시가를 알 수 있는 경우에는 시가를 기부가액으로 보고, 시가가 불분명한 경우에는 재판매가액을 기부가액으로 보아 기부금영수증을 발급하는 것이 타당하다.

[참고 예규 및 관련 사례]

[사건 번호] 법인46012-1685, 1994. 06. 08.
시장성이 없는 재고 자산을 사회복지단체에 기부하는 경우 기부가액은 기부 당시에 실제 판매할 수 있는 통상거래가액으로 하는 것임.

Q [현장 질문] 하절기 프로그램의 일환으로 시설 내 물놀이 기구를 일시적으로 대여하여 설치하려고 합니다. 전체 비용이 대략 300만 원인데 예산이 200만 원밖에 되지 않아 대여 업체에 가격 조정을 부탁드리면서 차액 100만 원에 대하여 기부금영수증 발급이 가능하다고 제안을 드렸습니다. 대여 업체에서는 그렇게 진행이 가능하다고 하는데 기부금영수증 처리가 가능한가요?

A [빠른 답변] 무상으로 제공받은 용역은 기부에 해당하는 것은 아니나, 단순히 제공받은 용역에 대한 대가를 지급하지 아니한 것은 금전의 이동이 없는 과세 거래와 기부가 동시에 발생하는 것으로 볼 수 있다. 대여 업체에서는 전체 비용 300만 원에 대한 매출세금계산서를 발급하고, 지정기부금단체는 차액 100만 원(부가세 포함 여부는 확인이 필요함)에 대한 기부금영수증을 발급할 수 있다. 이때 100만 원은 현물기부가 아닌 현금기부가 되는 것이다.

Q [현장 질문] 우리 복지관에 매월 1일 지역 내 미용실 사장님들이 저소득 주민을 위해 이미용 봉사를 오십니다. 보통 커트나 파마를 하시는데 이분들에게 기부금영수증을 발급할 수 있을까요?

A [빠른 답변] 용역의 무상 공급은 현물기부에 해당하지 않으므로 기부금영수증을 발급할 수 없다. 다만, 용역의 대가를 매출로 계상한 경우 기부금영수증 발급이 가능하다.

[참고 예규 및 관련 사례]

[사건 번호] 서면-2021-법인-2342, 2021. 08. 31.
용역의 대가를 익금으로 계상하면서 그 익금 계상한 금액 중 일부를 해당 단체에 기부하고 차액만을 수취하는 경우 그 기부 금액은 법인세법 제24조 제2항의 법정기부금에 해당되는 것임.

[사건 번호] 서면법규과-1362, 2012. 11. 20.
내국 법인이 법인세법 시행 규칙 별표 6의 6에 따른 법정기부금단체(이하 해당 단체)에 자문 용역을 제공하고 해당 용역의 대가를 익금으로 계상하면서 그 익금 계상한 금액 중 일부를 해당 단체에 기부하고 차액만을 수취하는 경우 그 기부 금액은 법인세법 제24조 제2항의 법정기부금에 해당되는 것임. 또한 기부금을 지출한 법인이 그 기부 금액을 손금에 산입하고자 하는 경우에는 법인세법 시행령 제36조 제4항에 따라 해당 단체로부터 기부금영수증을 받아서 보관하여야 하는 것임.

Q [현장 질문] 학원에서 무료 수강을 지원하는 경우와 수강권(상품권)을 지원하는 경우, 물품가액 산정에 차이가 있을까요?

A [빠른 답변] 수강료와 수강권(상품권) 가액의 차이 유무에 따라 현물기부가액의 산정은 달라질 수 있다.

Q [현장 질문] 상품권이나 포인트(적립금, 마일리지) 기부는 기부금영수증 처리가 가능한가요?

A [빠른 답변] 상품권이나 포인트는 현금처럼 사용하거나 물품과 교환할 수 있는 유가증권의 일종이다. 상품권이나 포인트가 현금의 가치와 동일한 경우, 사실상 현금 및 현금성 자산에 해당한다고 볼 수 있다. 상품권의 경우 교환 가능한 가액이 명시되어 있으므로, 지정기부금단체가 상품권을 기부받은 경우 상품권에 표시된 금액을 시가로 보아 기부금영수증을 발급할 수 있다. 다만, 기부하는 자가 지정기부금단체와 특수관계가 없는 법인인 경우 장부가액을 기부가액으로 하고 있어, 기부하는 법인이 상품권을 할인받아 매입한 경우에 기부자는 상품권을 할인받아 취득한 금액을 공정가치로 평가하여 장부에 계상하므로 기부자의 장부가액은 매입 가액과 동일하기 때문에 기부자의 장부가액 확인이 필요하다.

[상품권 할인 매입 시 회계 처리]

1. 상품권 판매 시

| 차) 현금 및 현금성 자산 | XXX | 대) 상품권 선수금 | XXX |
| 상품권 할인액 | XXX | | |

2. 상품권 매입자 기부 시

| 차) 상품권 | XXX | 대) 현금 및 현금성 자산 | XXX |
| 차) 기부금 | XXX | 대) 상품권 | XXX |

상품권에 의한 상품 등의 매출에 대하여 세법상 명문 규정은 없으나, 상품권을 회수하고 상품 등을 제공한 시점에 수익을 인식한다는 기업 회계상 규정은 권리·의무 확정주의에도 부합하며, 상품권 구입 상당액은 사용한 날이 속하는 사업 연도에 사용 목적에 따라 접대비 또는 복리후생비 등으로 손금 처리한다는 국세청 유권 해석(법인 46012-883, 1997. 3. 29.)으로 미루어 보아 상품권을 회수하고 상품 등을 제공한 시점이 세무상으로도 수익 인식 시점이라 할 것이다.

Q [현장 질문] 지역 식당에서 닭죽 30그릇을 기부받았을 때, 판매가(매장에 부착된)로 기부금영수증을 발급해도 될까요? 동네 빵집에서 빵을 제공하거나, 마트에서 쌀을 기부할 때 개인 사업자와 법인으로 구분해서 장부가와 시가로 구분하는 것이 어렵습니다.

A [빠른 답변] 현물기부자산의 시가 평가는 공정가치에 따라 취득 원가가 다르다. 일반적으로 프랜차이즈 업체 제품의 소비자가는 동일하거나 유사한 반면, 동네 빵집의 가격은 지역과 업체마다 다르다. 또한, 프랜차이즈 빵집이 본사 소속인지 개인이 운영하는 대리점인지 여부에 따라 기부가액이 달라질 수 있다.

■ 법인세법상 기부자의 기부가액과 공익법인의 취득가액의 구분

특수관계 유무	법정기부금		지정기부금	
	기부자의 기부가액	공익법인의 취득가액	기부자의 기부가액	공익법인의 취득가액
특수관계 있음	장부가액	시가	MAX (시가, 장부가액)	시가
특수관계 없음			장부가액	장부가액

■ 소득세법상 기부자의 기부가액과 공익법인의 취득가액의 구분

특수관계 유무	법정기부금		지정기부금	
	기부자의 기부가액	공익법인의 취득가액	기부자의 기부가액	공익법인의 취득가액
특수관계 있음	MAX (시가, 장부가액)	시가	MAX (시가, 장부가액)	시가
특수관계 없음				장부가액

Q [현장 질문] 신문사 유료 광고 페이지에 사회복지기관 홍보를 실어 주고 있습니다. 광고 사용권에 대한 기부금영수증 처리가 가능한가요?

A [빠른 답변] 무상 광고에 대해 익금을 계상하는 경우, 해당 광고 사용권에 대한 기부금영수증 처리는 가능하다. 광고 사용권에 대한 기부금은 해당 신문사가 유료 광고로 받는 광고가액을 시가로 본다.

[참고 예규 및 관련 사례]

[사건 번호] 서면-2021-법인-2342, 2021. 08. 31.
용역의 대가를 익금으로 계상하면서 그 익금 계상한 금액 중 일부를 해당 단체에 기부하고 차액만을 수취하는 경우 그 기부 금액은 법인세법 제24조 제2항의 법정기부금에 해당되는 것임.

[사건 번호] 서면법규과-1362, 2012. 11. 20.
내국 법인이 법인세법 시행규칙 별표 6의 6에 따른 법정기부금단체(이하 해당 단체)에 자문용역을 제공하고 해당 용역의 대가를 익금으로 계상하면서 그 익금 계상한 금액 중 일부를 해당 단체에 기부하고 차액만을 수취하는 경우 그 기부 금액은 법인세법 제24조 제2항의 법정기부금에 해당되는 것임. 또한 기부금을 지출한 법인이 그 기부 금액을 손금에 산입하고자 하는 경우에는 법인세법 시행령 제36조 제4항에 따라 해당 단체로부터 기부금영수증을 받아서 보관하여야 하는 것임.

※ 국세법령정보시스템 질의 중 현물기부에 해당하는 경우를 몇 가지 나열한 것이다. 다양한 사실관계에 따라 해석이 다를 수 있으므로 관련 법령 등을 꼼꼼히 살펴야 한다.

[사건 번호] 사전-2021-법령해석법인-0388, 2021. 12. 28.
공익법인 등이 특수관계가 없는 사업자 아닌 개인으로부터 법인세법 제24조 제3항 제1호에 따른 기부금에 해당하는 금전 외의 자산을 기부받은 경우 해당 자산의 취득가액은 기부한 자의 취득 당시의 소득세법 시행령 제89조에 따른 취득가액으로 하는 것임.

[사건 번호] 서면-2021-법령해석법인-0819, 2021. 12. 10.
외화 기부금에 대하여 기부금영수증을 발급할 때 적용할 환율은 법인세법 시행령 제36조 제1항 제2호에 따라 내국 법인이 외화를 기부했을 때의 해당 내국 법인의 장부가액에 적용된 환율임.

[사건 번호] 서면-2021-법령해석법인-0996, 2021. 09. 30.
내국 법인이 국가와의 협약을 변경하여 통행료를 인하하는 대신 고속도로 사용 수익 기부 자산의 사용 수익 기간을 연장하는 경우 해당 사용 수익 기부 자산의 미상각 잔액(변경 협약에 의한 통행료 인하일이 속하는 달의 전달까지의 감가상각 누계액을 차감한 금액)은 통행료를 인하한 날이 속하는 달부터 변경된 사용 수익 기간에 따라 균등하게 안분한 금액을 손금에 산입하는 것임.

[사건 번호] 서면-2021-법인-2342, 2021. 08. 31.
용역의 대가를 익금으로 계상하면서 그 익금 계상한 금액 중 일부를 해당 단체에 기부하고 차액만을 수취하는 경우 그 기부 금액은 법인세법 제24조 제2항의 법정기부금에 해당되는 것임.

[사건 번호] 사전-2020-법령해석부가-0679, 2020. 09. 28.
사업 시행자가 시설물을 지자체에 기부 채납하고 20년간 관리 운영권을 받는 경우 지자체는 기부 채납 가액을 과세 표준으로 하여 예정 또는 확정 신고기간의 종료일을 공급 시기로 하여 세금계산서를 발급하는 것이 원칙이나, 부가법 제17조 1항목을 적용하여 세금 계산서를 선발급할 수 있는 것임.

[사건 번호] 서면-2020-법인-0778, 2020. 05. 26.
지정기부금단체인 비영리 내국 법인이 기부금을 금전 외의 자산으로 제공받은 경우 기부받은 자산의 품명·수량·단가·금액 등을 기재하여 기부금영수증을 발급하는 것임.

[사건 번호] 서면-2020-법인-1666, 2020. 04. 20.
지정기부금단체가 음식업을 영위하는 내국 법인으로부터 음식 용역을 무상으로 제공받으면서 재료비 상당액도 함께 제공받는 경우에는 해당 재료비에 대해 기부금영수증 발급이 가능한 것임.

[사건 번호] 서면-2019-법인-1756, 2020. 02. 20.
법정기부금을 금전 외의 자산으로 제공하는 경우(기부금품의 모집 및 사용에 관한 법률의 적용을 받는 기부금품은 같은 법 제5조 제2항에 따라 접수하는 것에 한함) 기부금품을 수령한 국가 또는 지방자치단체는 해당 자산의 장부가액을 기부금 가액으로 하여 기부한 법인에게 기부금영수증을 발급하여야 하는 것임.

[사건 번호] 서면-2018-법인-2192, 2019. 09. 06.
지정기부금단체가 개인사업자로부터 의료 용역을 제공받으면서 해당 의료 행위에 소요되는 재료비 상당액도 함께 제공받은 경우에는 그 재료비의 시가(시가가 장부가액보다 낮은 경우에는 장부가액)에 대하여 기부금영수증 발행이 가능한 것임.

[사건 번호] 서면-2017-법인-3230, 2018. 01. 19.
기부금영수증을 발급하는 법인이 법인세법 시행규칙 별지 제63호의 3 서식에 의한 기부금영수증을 발급하는 경우 실제 기부금을 수령한 일자로 하여 발급하는 것임.

[사건 번호] 서면-2017-법인-2684, 2017. 11. 30.
내국 법인이 법인세법 제24조 제2항 각호에 따른 법정기부금을 금전 외의 자산으로 제공하는 경우 해당 자산의 가액은 장부가액으로 하는 것임.

[사건 번호] 서면-2016-소득-6179, 2017. 01. 11.
작가가 업무와 관련 없이 법정기부금단체에 자신이 집필한 도서를 무상으로 기부하는 경우에는 같은 법 시행령 제81조 제3항에 따라 그 기부 금액은 도서의 기부 당시의 장부가액에 의하는 것이나, 장부가액이 없거나 사업자가 아닌 개인이 소장한 도서를 기부하는 경우에는 도서의 기부 당시의 시가에 의함.

이 장에서 제시하고 있는 참고 양식은 현물 배분 사업을 진행하는 기관에서 사용하고 있거나 배포용으로 제시한 자료이므로 각 기관에서 사용하고자 할 때 제공된 견본을 참고하여 각 단체의 특성에 맞게 재구성하여 사용하도록 한다.

PART 7

참고 양식

현물기부 처리 절차 순으로 참고 양식을 정리하였다. 제시하는 양식은 현물 배분사업을 진행하는 기관에서 사용하고 있거나 배포용으로 제시한 자료이므로 각 기관에서 사용하고자 할 때는 제공된 견본을 참고하되 기관 특성에 맞게 재구성하여 사용하도록 한다.

■ 현물기부 업무 단계별 참고 양식

단계별 업무	참고 양식
계획	• 현물 사업계획서
문의·응대	• 장부가액 확인서 • 기부금(품) 기탁서(개인용, 기업용) • 후원품 바자회 판매 동의서*현물수령 시 사용 가능
현물 수령	• 인수·검수 확인서 • 기부물품 인수 확인증 • 기부물품 접수 대장 • 기부물품 인수증 • 후원품 바자회 판매 동의서 • 기부금영수증
보관·분류	• 기부물품 폐기 관리 대장
현물 사용(배분·판매)	• 개인정보 수집·이용 및 제공 동의서 • 현물(유가증권)인수 확인자 목록
기부자 결과 보고	• 사업 결과 보고서 • 기부금영수증*현물 수령 후 즉시 또는 기부자 결과 보고 시 진행할 수 있음

현물기부 처리 절차

계획	제안	문의 응대	현물 수령
보관·분류	현물 사용(배분·판매)	기부자 결과 보고	세법상 의무 사항 이행

■ 세법상 의무 사항에 따른 참고 양식

세법상 의무 사항	참고 양식[43]
기부금영수증 발급	• 기부금영수증
공익법인의 출연재산 등에 대한 보고서 제출	• 출연받은 재산의 사용 명세서 • 출연재산 매각 대금 사용명세서
공익법인 세무 확인	• 공익법인 등의 세무 확인서
기부금영수증 발급합계표 제출	• 기부금영수증 발급합계표
기부자별 발급명세서 작성 보관	• 기부자별 발급명세서
연간 기부금 모금액 및 활용실적 명세서 제출	• 연간 기부금 모금액 및 활용실적 명세서
공익법인 결산 서류 공시	• 공익법인 결산 서류 등의 공시 표준 서식 • 공익법인 결산 서류 등의 공시 간편 서식
공익법인 의무 이행 여부 점검 결과 보고서 제출	• 공익법인 등 의무 이행 여부 보고서

---

43 국세청 『2022 공익법인 세무 안내』 부록 참조

현물 사업 계획서

지원 물품명 : KF94 마스크 250박스

신청기관	기관명	열매복지관	사업자등록번호	987-65-43210
	대표자명	한열매	생년월일	-
	운영 주체 (법인)명	열매복지관	운영 주체 고유번호	987-65-43210
	담당자명	권열매	담당자 핸드폰 번호	010-1234-5678
			담당자 이메일 주소	-
	기관 전화번호	02-1234-5678	기관 팩스번호	02-1234-5679
	설립년월일	2000.01.01	홈페이지	-
	사업 수행 기간		2021.12.01. ~ 2021.12.30.	
	결과 보고 자료 제출 예정일		2021.12.31.	
	인수증 총 취합 제출 예정일		2021.12.31.	
	주 소		(우편번호 04519) 열매시 열매구 열매대로21길	
사업명			열매상사 후원 마스크 지원사업	
사업대상	열매구 저소득 취약계층		대상자 수 (대상 기관 수)	약 100명
사업목적			열매구 저소득 취약계층 코로나19 예방	
사업 집행 계획				
사업집행계획	12.01.~10.		마스크 배분 신청접수	
	12.11.~30.		대상자 지원	
	12.31.		물품 배분 결과보고서 제출	

※주 1. 기관 소개 자료(연혁, 조직도, 주요 사업, 연간 예산 내용 등)를 첨부한다.

　　　2. 사업 수행 시 제작되는 모든 자료, 발간 물품, 홍보자료 등에는 사회복지공동모금회 로고와 함께 후원 사항을 기재한다(결과 보고서 제출 시 관련 사진 및 발간물을 제출해야 함).

　　　3. 직접 배송하는 경우를 제외하고 물품을 배송받을 정확한 주소, 약도, 담당자 휴대폰, 전화번호, 배송 희망 시간을 명시한다.

*출처 : 2022 희망온돌 따뜻한 겨울나기 사업안내

후원품 바자회 판매 동의서

1. 업　체　명 : 열매식품 (대표: 정열매)

2. 주　　　소 : 열매특별시 열매구 열매대로 112번길 2

3. 사업자번호: 123-46-56789

4. 물품　종류 : 라면, 샴푸

5. 환산　금액 : 일금 2,000,000원정(원)

　　※수탁기관 후원금품 가액 산정 기준 및 정부 기준안에 근거하여 산출

6. 용　　　도 : 바자회 판매 (수익금은 ****사업에 사용)

상기 후원품이 기존 소비자 판매가(TAG 가격)에 비해 낮은 가격으로 바자회에서 유통되는 것에 동의합니다.

2022년 12월 16일

대표자 : 정열매 (인)

***기관장 귀하

*출처 : 강북장애인복지관 양식 참조

장부가액 확인서

(단위: 원)

순번	제품(상품)	수량	장부가액 (수량 1 기준)	기부 환산액 (수량×장부가액)	판매가액 (수량 1 기준) (※반드시 기재)
1	참치캔	10개	10,000원	100,000원	20,000원
2	라면	10개	5,000원	50,000원	10,000원
합 계		20개		150,000원	

본사(본인)의 장부가액 세부 내역은 외부 비공개를 원칙으로 하고 있으며, 위 사항에 대한 사실 책임 여부는 본사(본인)에 있음을 확인합니다.

2022. 12. 16.

기부처(기부자) : 열매식품 (인)

사업자등록번호(주민등록번호): 123-45-67890

※ 장부가액 : 자산의 최초 취득가액

*출처 : 2022 희망온돌 따뜻한 겨울나기 사업안내

장부가액 확인서

(단위: 원)

순번	제품명	수량	단위	장부가액	기부 환산액 (수량×장부가액)	유통기한
1	참치캔	10	개	100,000원	200,000원	24. 12. 30.
2	라면	10	개	50,000원	50,000원	23. 03. 30.

본사(본인)의 장부가액 세부 내역은 외부 비공개를 원칙으로 하고 있으며,

위 사항에 대한 사실 책임 여부는 본사(본인)에 있음을 확인합니다.

2022년 12월 16일

기부처(기부자 명) : 최열매 (인)

사업자등록번호(주민등록번호) : 123456-1234567

※ 장부가액 : 자산의 최초 취득가액

*출처 : 2022년도 서울시 잇다푸드뱅크 업무 매뉴얼

기부금(품) 기탁서(개인용)

기부자 (명칭/성명)	김포도	사업자등록번호 (주민등록번호)	123456-1234567
	※ 기부금영수증 발급을 위한 주민등록번호 수집 근거 : 소득세법 시행규칙 [별지 제45호의2서식]에 의거			
주 소	열매도 열매시 열매동 123번지			
대표자(법인일 경우)		담당자/연락처	
지정 내용	(※사업 내용 또는 주요 지정 대상 등 기재) 아동 청소년		

기부가액
(※내용이 많을 경우 세부 내용 양식)

120,000 원(₩)

품목	규격	수량	단가	기부 환산 금액	비고(판매가)
빵	박스	1	20,000	20,000	20,000
음료	묶음	10	10,000	100,000	100,000

기부(예정)일	2022년 12월 16일

현물로 기부하는 경우 기부 단가는 법인세법 시행령 제37조 제1항에 기부자의 장부가액으로 하도록 규정하고 있습니다. 기부자의 장부가액이란

① 현물을 구입하여 기부하는 경우에는 구입한 세금계산서 금액이 되는 것이며

② 자가 제조 물품을 기부하는 경우에는 제조 원가가 장부가액이 되는 것임을 안내하는 바입니다.

또한 본사(본인)의 장부가액 세부 내역은 외부 비공개를 원칙으로 하고 있으며, 위 금액에 대한 사실 여부는 본사(본인)에 있음을 확인합니다.

【개인정보 수집·활용 및 제3자 제공 동의서】

서울잇다푸드뱅크센터는 「개인정보 보호법」제15조에 의거하여 개인정보 수집 및 이용에 관한 정보 주체의 동의 절차를 준수하며, 고지 후 수집된 정보는 본 기관의의 개인정보 수집 및 이용목적 외의 용도로는 절대 이용 및 제공되지 않습니다.
기부자는 정보 주체로서 개인정보의 삭제·처리 정지 요구와 개인정보의 수집·이용 및 제공에 대한 동의 거부를 할 수 있으나, 이 경우 본 기관에서 수행하는 아래의 업무와 관련된 서비스 제공이 불가합니다.
① 기부금영수증 발급 ② 소득공제를 위한 국세청 연말정산 서비스에 필요한 자료 제공

1. 본인은 서울잇다푸드뱅크센터가 「개인정보보호법」제15조 제1항 및 제24조의 2 제1항제1호에 의거, 다음과 같이 본인의 개인정보 및 고유 식별 정보(이하 '개인정보'라 함)를 수집·이용하는 것에 대하여 □ **동의합니다.** □ **동의하지 않습니다.**
   가. 개인정보의 수집·이용자(개인정보 처리자): 서울잇다푸드뱅크센터
   나. 개인정보의 수집·이용 목적: 서울잇다푸드뱅크센터에서 처리하는 기부금 관련 업무(발급·기부 내역 제공 등)
   다. 개인정보의 수집·이용 항목
      – 필수 정보: 기부자 성명(명칭), 사업자등록번호, 주소, 대표자(법인일 경우), 담당자 및 연락처
      – 필수 정보 중 고유식별정보: 주민등록번호
   라. 개인정보의 보유 및 이용 기간: 주민등록번호_기부금 입금일을 기준으로 소득공제가 실시되는 기간 동안(5년)
   마. 기부자는 개인정보의 수집·이용에 대한 동의를 거부하실 수 있으나 동의를 거부하실 경우 기부금영수증 발급이 제한됩니다.

2. 본인은 서울잇다푸드뱅크센터가 「개인정보 보호법」제17조 제1항 제1호에 의거, 다음과 같이 본인의 개인정보를 제3자에게 제공하는 것에 대하여 □ **동의합니다.** □ **동의하지 않습니다.**
   가. 개인정보를 제공받는 자: 기부금의 자동 출금을 위한 금융결제원, 기부 내역의 소득공제 확인을 위한 국세청, 콜센터 이용 시 본인 확인을 위해 활용
   나. 개인정보를 제공받는 자의 이용 목적: 정기 기부금의 출금 및 기부금 소득공제 근거 자료 활용
   다. 제공하는 개인정보의 항목: 위 1호 다목에 해당하는 개인정보
   라. 개인정보를 제공받는 자의 보유 및 이용 기간: 주민등록번호_기부금 입금일을 기준으로 소득공제가 실시되는 기간 동안(5년)
   마. 기부자는 개인정보의 수집·이용에 대한 동의를 거부하실 수 있으나 동의를 거부하실 경우 아래와 관련된 서비스 제공이 불가합니다.
① 소득공제를 위한 국세청 연말정산 서비스 ② 정기 기부금의 CMS(금융결제원) 연계 출금 처리 이용

3. 본인은 위 1~2호에 대해 동의를 거부할 수 있다는 안내를 받았으며 또한 본인의 동의가 없을 때에는 서울잇다 푸드뱅크센터가 처리제공하는 일부 서비스를 받을 수 없다는 안내를 받았습니다.
□ **동의합니다.** □ **동의하지 않습니다.**

본인은 본 동의서의 내용과 개인정보 수집·처리 및 제3자 제공에 관한 본인의 권리에 대하여 이해하고 서명합니다.

년   월   일

신청인(명칭/성명)

(직인)

○○잇다푸드뱅크센터장 귀하

*출처 : 2022년도 서울시 잇다푸드뱅크 업무 매뉴얼

기부금(품) 기탁서(기업용) 앞뒷면

기부금(품) 기탁서(기업용)

기부자 (명칭/성명)	열매식품	사업자등록번호 (주민등록번호)		123-45-67890
	※ 기부금영수증 발급을 위한 주민등록번호 수집 근거: 소득세법 시행규칙 [별지 제45호의2 서식]에 의거			
주 소	열매시 열매구 12번길 3			
대표자(법인일 경우)	정열매	담당자/연락처		김사과/010-0000-0000
지정 내용	(※사업 내용 또는 주요 지정 대상 등 기재)			

기부가액 (※내용이 많을 경우 세부 내용 양식)	_____ 원(₩)					
	품목	규격	수량	단가	기부 환산 금액	비고(판매가)
	샴푸	박스	1	50,000	50,000	70,000
	린스	묶음	10	5,000	70,000	60,000

기부(예정)일	2022년 12월 16일

현물로 기부하는 경우 기부 단가는 법인세법 시행령 제37조 제1항에 기부자의 **장부가액**으로 하도록 규정하고 있습니다. 기부자의 장부가액이란
① 현물을 구입하여 기부하는 경우에는 구입한 세금계산서 금액이 되는 것이며
② 자가 제조 물품을 기부하는 경우에는 제조 원가가 장부가액이 되는 것임을 안내하는 바입니다.
또한 본사(본인)의 장부가액 세부 내역은 **외부 비공개를 원칙**으로 하고 있으며, 위 **금액에 대한 사실 여부는 본사(본인)에** 있음을 확인합니다.

2022년   12월   16일
신청인(명칭/성명) 열매식품 (직인)

○○잇다푸드뱅크센터장 귀하

(품목별) 현물기부 단가 산정 명세서

품 목	규 격	단 가	수량	금 액	자가 제조 물품의 기부 단가 산정 기준
라면	박스	20,000원	2	40,000원	원가(○)/판매가( )
샴푸	묶음	10,000원	5	50,000원	원가(○)/판매가( )
					원가( )/판매가( )
					원가( )/판매가( )
					원가( )/판매가( )
					원가( )/판매가( )
					원가( )/판매가( )
					원가( )/판매가( )
					원가( )/판매가( )
					원가( )/판매가( )
총 액				90,000원	

〈현물로 기부하는 경우 기부단가 산정에 대한 안내말씀〉

현물로 기부하는 경우 기부단가는 **법인세법 시행령 제37조 제1항에** 기부자의 **장부가액으로** 하도록 규정하고 있습니다. 기부자의 장부가액이란 1)현물을 구입하여 기부하는 경우에는 구입한 **세금계산서 금액이** 되는 것이며 2)자가제조 물품을 기부하는 경우에는 **제조원가가** 장부가액이 되는 것임을 안내하는 바입니다.

따라서, 현물을 구입하여 기부하는 경우에는 **매입세금계산서를** 첨부해 주시고, 자가제조물품을 기부하는 경우에는 **원가에 체크하여, 판매가로 적용하지 않았음을 확인해** 주시기를 안내하는 바입니다. 감사합니다.

*출처 : 2022년도 서울시 잇다푸드뱅크 업무 매뉴얼

현물 지정 기탁 신청서

기부자 (명칭/성명)	열매상사		사업자등록번호 (주민등록번호)		123-81-67890
	※ 기부금영수증 발급을 위한 주민번호 수집 근거 – 소득세법 시행규칙 서식 45의2, 사회 복지공동모금회법 제18조 2항(영수증 발행)				
주 소	열매시 열매구 열매대로21길 39				
대표자(법인일 경우)	김열매		담당자/연락처		신열매/02-1234-5678
지정 내용	(※사업 내용 또는 주요 지정대상 등 기재) 열매구 저소득주민 마스크 지원				
지정 대상	○ 대상자 명(단체 또는 개인) : 열매구 저소득주민				
기부가액 (※내용이 많을 경우 세부 내용 별첨)	일천만원(₩10,000,000)				
	품목	규격	수량	단가	기부 환산 금액	비고(판매가)
	KF94마스크	50장/박스	250박스	40,000원	10,000,000	50,000

본사(본인)는 위와 같이 사회복지공동모금회법 제 27조 규정에 의하여 현물을 지정 기탁하고자 신청합니다

2022년 12 월 16 일

기부자(명칭/성명)　열매상사　(인)

☞ **안내 사항)** 1. '기부가액'에 대한 관련 자료(구매 영수증, 세금계산서 또는 원가 계산서 등)를 첨부하여야 합니다.
2. 다음 중 하나에 해당되는 경우에는 사회복지공동모금회가 재지정을 요청할 수도 있습니다.
① 지정 대상 가운데 부적격자가 있는 경우, ② 지정 대상과 기부자가 특수 이해 관계에 있는 경우.
③ 기타 지정 내용이 사회복지공동모금회법과 회규에 위배되는 경우
※ 특수 이해관계에 있는 경우란, 혈족·인척 등 친족 관계에 있는 자(6촌 이내의 혈족, 4촌 이내의 인척, 배우자, 친생자
　로서 다른 사람에게 친양자 입양된 자 및 그 배우자·직계 비속), 임원·사용인 등 경제적 연관 관계에 있는 자, 주주·
　출자자 등 경영 지배 관계에 있는 자 등 국세기본법 제2조 제20호 및 동법 시행령 제1조의 2에 해당하는 자를 말함.

【개인정보 수집·이용 및 제공 동의서】

사회복지공동모금회(이하 '모금회'라 함)는 「개인정보 보호법」제15조 및 제22조에 의거하여 개인정보 수집 및 이용에 관한 정보 주체의 동의 절차를 준수하며, 고지 후 수집된 정보는 모금회의 개인정보 수집 및 이용 목적 외의 용도로는 절대 이용·제공되지 않습니다.

1. 개인정보 수집·이용

항목	수집·이용 목적	보유 기간
(필수) 성명, 생년월일, 전화번호, 핸드폰 번호, 주소, e-mail	모금회에서 처리하는 기부 관련 업무 (기부 신청, 기부 내역 확인, 확인서 발급, 기부자 서비스 등)	마지막 기부 시점 이후 5년

☞ 위의 개인정보 수집·이용에 대한 동의를 거부할 권리가 있습니다. 그러나 동의를 거부할 경우 기부신청 및 이력 확
　인, 기부자서비스 등 기부관련 업무에 제한을 받을 수 있습니다.

■ **동의함** □ **동의하지 않음**

1-2. 개인정보 제3자 제공·이용

제공받는 곳	항목	제공 목적	제공 기간
서울시 및 25개 자치구	성명, 생년월일, 전화번호, 핸드폰 번호, 주소, e-mail	기부 안내를 위한 정보 공유	사업 종료 시까지

☞ 위의 개인정보 제3자 제공·이용에 대한 동의를 거부할 권리가 있습니다. 그러나 동의를 거부할 경우 국세청 연말정산 간소화 서비스 및 콜 센터 상담 이용, 기부금 결재 등에 제한을 받을 수 있습니다.

■ 동의함   □ 동의하지 않음

2. 고유식별번호(주민등록번호) 수집·이용

항목	수집·이용 목적	보유 기간
주민등록번호	국세청 기부금영수증 발급	마지막 영수증 발급 시점 이후 5년

☞ 위의 고유식별번호(주민등록번호) 수집·이용에 대한 동의를 거부할 권리가 있습니다. 그러나 동의를 거부할 경우 기부금영수증 발급이 제한될 수 있습니다.

■ 동의함   □ 동의하지 않음

2-1. 고유식별번호(주민등록번호) 제3자 제공·이용

제공받는 곳	항목	제공 목적	제공 기간
국세청	이름, 주민등록번호, 기부 일자, 기부 금액	연말정산 간소화 서비스 이용	국세청 소득공제 자료 제공 시까지

☞ 위의 고유식별번호(주민등록번호) 제3자 제공·이용에 대한 동의를 거부할 권리가 있습니다. 그러나 동의를 거부할 경우 국세청 연말정산 간소화 서비스 이용 등에 제한을 받을 수 있습니다.

■ 동의함   □ 동의하지 않음

〈정보 주체가 된 만 14세 미만의 아동인 경우〉

법정 대리인의 성명	법정 대리인의 연락처	정보 주체와의 관계
(인)		

※만 14세 미만 아동의 개인정보 처리를 위하여 법정 대리인의 동의를 받아야 함(개인정보보호법 제22조 제5항). 개인정보보호법 시행령 제17조에 따라 법정 대리인의 동의를 받기 위한 최소한의 정보(성명, 연락처)는 법정 대리인의 동의 없이 아동으로부터 수집이 가능함.

본인은 본 동의서의 내용과 개인정보 수집·이용 및 제공에 대하여 이해하고 서명합니다.

2021 년 *12* 월 *1* 일

기부자(명칭/성명)   *열매상사* (인)

서울사회복지공동모금회 귀하

*출처 : 2022 희망온돌 따뜻한 겨울나기 사업 안내

인수·검수 확인증

I. 인수 사항

품 목	수 량	비 고
샴푸	100개	

※ 품목의 수에 맞게 표를 편집하여 사용하시기 바랍니다.

○ 인수 일자 : 2022년 12월 16일
○ 인수 기관 : 열매재단 (직인)
　- 대표자명 : 정열매　사업자등록번호 : 123-45-67899
　- 주소 : 열매도 열매시 열매동 112번길
　- 인수자명 : 김열매 (연락처 : 010-0000-0000)

II. 검수 사항

검수 방법	전량 검사	100개	무작위 추출 (개수 기입)	10개	검 수 자 : 김열매 검수 일자 : 2022.12.16
품목	수량	상태			불량 내역
		양호	불량		
샴푸	10개	10개			
검수 의견	이상 없음				

※ 기부가액 1,000만 원 이상 또는 수량 1,000개 이상 시 작성
※ 30개 미만 : 선수 김사 / 30개 이상 : 1,000개 미만 30개 표본 추출 / 1,000개 이상 : 30개~100개 표본 추출
※ 검수 물품 사진은 별도 문서로 첨부(필수)

> 1. 상기 지원 현물은 사랑의열매 지원 목적으로만 사용이 가능하며, 인수 기관은 지원 현물의 매도 및 제삼자에게 전매, 교환(바자회 등으로 재판매, 기념품 제공 포함) 등 일체의 처분 행위를 할 수 없습니다. 또한 지원 현물의 부정 사용을 감독하여야 할 의무가 있습니다.
> 2. 인수 기관은 사회복지공동모금회의 요구에 따라 별도의 추가 자료(배분 대상자 명부 등) 제출 의무가 있습니다.
> 3. 인수 기관은 상기 의무 사항 위반 또는 불이행 시 아래와 같은 책임을 지는 것에 동의합니다.
>   - 사회복지공동모금회의 배분 규정에 의거한 제재
>   - 사회복지공동모금회의 환수 요구 불응 시 민·형사상 책임

사랑의열매 귀중

*출처 : 2022 희망온돌 따뜻한겨울나기 사업 안내

기부물품 접수 대장

_____월

○○잇다푸드뱅크센터 기부물품 접수 대장								
구분	일자	기부자	품목	수량	단위	총금액	유통기한	담당자 확인
2) 자체	22.12.16	정열매	샴푸	10	박스	100,000	23.12.30	
3) 광역	22.12.16	최열매	린스	5	박스	50,000	23.12.30	
4) 기부								
5) 지원								

2) 자체 : 후원금으로 자체적으로 구매한 물품

3) 광역 : 광역 지원 센터(전국 푸드뱅크 물품 포함)에서 이관받은 물품

4) 기부 : 후원받은 물품

5) 지원 : 사회복지공동모금회에서 지원받은 물품

*출처 : 2022년도 서울시 잇다푸드뱅크 업무 매뉴얼

기부물품 인수 확인증

기부물품 인수 확인증

○○잇다푸드뱅크센터에서 지원하는 기부물품 인수를 확인합니다.

연번	기부자	품 명	단위	단가	수량	총 금액
1	정열매	샴푸	박스	10,000	10	100,000
2	김열매	린스	묶음	5,000	5	50,000
합 계						150,000

○ 기부일자 : 2022년 12월 16일

○ 인수일자 : 2022년 12월 16일

○ 인수자명 : 최사과   (연락처 : 010-0000-0000)

○ 인수기관 및 대표자명 :   열매재단   서명/직인

○ 사업자등록번호(주민번호) : 123-45-67899

위 기부물품은 바자회 등 판매행위, 자원봉사자 등 손님접대, 종교 및 정치적사용등 ○○잇다푸드뱅크센터 지원의도가 손상되는 용도로 절대 사용하지 않습니다.

※인수자 인계자 각 1부씩 보관을 원칙으로 합니다.

*출처 : 2022년도 서울시 잇다푸드뱅크 업무 매뉴얼

기부물품 폐기 관리 대장

기부물품 폐기 관리 대장

연번	기부일자	기부자	물품명	수량	폐기일	수량	사유
1	22.12.01	정열매	옷	10벌	22.12.16	1벌	불량
2	22.12.01	최열매	이불	5채	22.12.16	1채	불량

*출처 : 2022년도 서울시 잇다푸드뱅크 업무 매뉴얼

■ 소득세법 시행규칙 [별지 제45호의2서식] 〈개정 2022. 3. 18.〉

일련번호	

기 부 금 영 수 증

※ 뒤쪽의 작성방법을 읽고 작성하여 주시기 바랍니다.　　　　　　　　　　　　　　　　　(앞쪽)

❶ 기부자

성명(법인명)		주민등록번호 (사업자등록번호)	
주소(소재지)			

❷ 기부금단체

단 체 명		사업자등록번호 (고유번호)	
(지점명)		(지점 사업자등록번호 등)	
소 재 지		기부금 공제 대상 기부금단체 근거 법령	
(지점 소재지)			

* 기부금단체의 지점(분사무소)이 기부받은 경우, 지점명 등을 추가로 기재할 수 있습니다.

❸ 기부금 모집처(언론 기관 등)

단 체 명		사업자등록번호	
소 재 지			

❹ 기부 내용

코 드	구 분 (금전 또는 현물)	연월일	내 용			금액
			품명	수량	단가	

　　「소득세법」 제34조, 「조세특례제한법」 제76조·제88조의 4 및 「법인세법」 제24조에 따른 기부금을 위와 같이 기부하였음을 증명하여 주시기 바랍니다.

　　　　　　　　　　　　　　　　　　　　　　　　　　　　　　　　년　　월　　일

신청인	(서명 또는 인)

　　　　위와 같이 기부금을 기부받았음을 증명합니다.

　　　　　　　　　　　　　　　　　　　　　　　　　　　　　　　　년　　월　　일

기부금 수령인	(서명 또는 인)

210mm×297mm[백상지 80g/㎡ 또는 중질지 80g/㎡]

작 성 방 법

1. ❷ 기부금 대상 공익법인 등은 해당 단체를 기부금 공제 대상 공익법인 등, 공익단체로 규정하고 있는 「소득세법」 또는 「법인세법」 등 관련 법령을 적어 기부금영수증을 발행해야 합니다.

기부금 공제 대상 기부금단체 근거 법령	코드
「법인세법」제24조 제2항 제1호 가목(국가·지방자치단체), 나목(국방 헌금과 국군 장병 위문 금품)	101
「법인세법」제24조 제2항 제1호 다목(천재지변으로 생기는 이재민을 위한 구호 금품)	102
「법인세법」제24조 제2항 제1호 라목(「사립학교법」에 따른 사립 학교, 비영리 교육 재단, 산학 협력단 등 각 목에 열거된 기관(병원은 제외한다)에 시설비·교육비·장학금 또는 연구비로 지출하는 기부금)	103
「법인세법」제24조 제2항 제1호 마목(각 목에 열거된 병원에 시설비·교육비 또는 연구비로 지출하는 기부금)	104
「법인세법」제24조 제2항 제1호 바목(사회 복지 사업, 그 밖의 사회 복지 활동의 지원에 필요한 재원을 모집·배분하는 것을 주된 목적으로 하는 비영리법인(일정 요건을 충족하는 법인만 해당)으로서 기획재정부장관이 지정·고시하는 법인)	105
「소득세법」제34조 제2항 제1호 나목 (「재난 및 안전관리 기본법」에 따른 특별재난지역을 복구하기 위하여 자원봉사를 한 경우 그 용역의 가액에 대해 기부금영수증을 발급하는 단체)	116
「정치자금법」에 따른 정당	201
「법인세법 시행령」 제39조 제1항 제1호 가목(「사회 복지사업법」에 따른 사회복지법인)	401
「법인세법 시행령」 제39조 제1항 제1호 나목(「영유아보육법」에 따른 어린이집)	402
「법인세법 시행령」 제39조 제1항 제1호 다목(「유아교육법」에 따른 유치원, 「초·중등교육법」 및 「고등교육법」에 따른 학교, 「근로자직업능력개발법」에 따른 기능 대학, 「평생교육법」 제31조 제4항에 따른 전공 대학 형태의 평생 교육 시설 및 같은 법 제33조 제3항에 따른 원격 대학 형태의 평생 교육 시설)	403
「법인세법 시행령」 제39조 제1항 제1호 라목(「의료법」에 따른 의료법인)	404
「법인세법 시행령」 제39조 제1항 제1호 마목(종교의 보급, 그 밖에 교화를 목적으로 「민법」 제32조에 따라 문화체육관광부장관 또는 지방자치단체의 장의 허가를 받아 설립한 비영리법인(그 소속 단체를 포함한다)]	405
「법인세법 시행령」 제39조 제1항 제1호 바목(기획재정부장관이 지정하여 고시한 법인)	406
「법인세법 시행령」 제39조 제1항 제2호 가목(「유아교육법」에 따른 유치원의 장 등이 추천하는 개인에게 지출하는 교육비·연구비·장학금)	407
「법인세법 시행령」 제39조 제1항 제2호 나목(공익 신탁으로 신탁하는 기부금)	408
「법인세법 시행령」 제39조 제1항 제2호 다목(기획재정부장관이 지정하여 고시하는 기부금)	409
「법인세법 시행령」 제39조 제1항 제4호(각 목에 열거된 사회복지시설 또는 기관 중 무료 또는 실비로 이용할 수 있는 시설 또는 기관)	410
「법인세법 시행령」 제39조 제1항 제6호(기획재정부장관이 지정하여 고시하는 국제 기구)	411
「소득세법 시행령」 제80조 제1항 제2호(노동조합 등의 회비)	421
「소득세법 시행령」 제80조 제1항 제5호(공익 단체)	422
「조세특례제한법」 제88조의 4(우리 사주 조합)	461

2. ❸기부금 모집처(언론 기관 등)는 방송사, 신문사, 통신 회사 등 기부금을 대신 접수하여 기부금단체에 전달하는 기관을 말하며, 기부금 대상 공익법인 등에게 직접 기부한 경우에는 적지 않습니다.

3. ❹기부 내용의 코드는 다음 구분에 따라 적습니다.

기부금 구분	코드
「소득세법」 제34조 제2항 제1호, 「법인세법」 제24조 제2항 제1호에 따른 기부금	10
「조세특례제한법」 제76조에 따른 기부금	20
「소득세법」 제34조 제3항 제1호(종교 단체 기부금 제외), 「법인세법」 제24조 제3항 제1호에 따른 기부금	40
「소득세법」 제34조 제3항 제1호에 따른 기부금 중 종교 단체 기부금	41
「조세특례제한법」 제88조의 4에 따른 기부금	42
필요 경비(손금) 및 소득공제 금액 대상에 해당되지 아니하는 기부금	50

4. ❹기부 내용의 구분란에는 '금전기부'의 경우에는 '금전', '현물기부'의 경우에는 '현물'로 적고, 내용 란은 현물기부의 경우에만 적습니다. '현물기부' 시 '단가' 란은 아래 표와 같이 기부자, 특수관계 여부 등에 따라 장부가액 또는 시가를 적습니다.

구 분	기부자		기부받는 공익법인
	법인	개인	
특수관계가 있는 경우	Max(장부가액, 시가)	Max(장부가액, 시가)	시가
특수관계가 없는 경우	장부가액		장부가액*

*기부한 자의 기부 당시 장부가액. 개인이 사업 소득과 관련 없는 자산을 기부한 경우: 개인의 최초 취득가액

5.(유의 사항) 2021년 7월 1일 이후 전자기부금영수증(「법인세법」 제75조의 4 제2항 및 제112조의 2에 따른 전자기부금영수증을 말함)을 발급한 경우에는 기부금영수증을 중복 발행하지 않도록 유의하시기 바랍니다.

210mm×297mm[백상지 80g/㎡ 또는 중질지 80g/㎡]

현물(유가증권 포함) 인수 확인자 목록–자치구용

(개인정보 수집·활용 및 3자 제공 동의 포함)

【개인정보 수집·활용 및 제3자 제공 동의서】

달성복지재단 및 사회복지공동모금회(이하 "재단·모금회"라 함)는 「개인정보 보호법」 제15조에 의거하여 개인정보의 수집 및 이용에 관한 정보주체의 동의절차를 준수하며, 정보주체의 동의 후 수집된 정보는 재단·모금회의 개인정보 수집 및 이용목적 외의 용도로는 절대 이용, 제공되지 않습니다. 특히, 개인정보 중 주민등록번호에 대해서는 개인정보보호법 제24조의2에 따라 정보주체의 동의 여부를 불문하고 결코 수집·이용, 제공되지 않을 것입니다. 모금회 지원사업의 신청인(만 14세미만 아동의 경우는 법정대리인)은 정보주체로서 개인정보의 삭제·처리 정지 요구와 개인정보의 수집·이용 및 제공에 대한 동의 거부를 할 수 있고, 이 경우에는 재단·모금회의 지원 서비스 제공이 어려울 수 있음을 알려드립니다.

1. 본인은 재단·모금회가 「개인정보보호법」제15조제1항 및 제24조제1항제1호에 의거, 다음과 같이 본인의 개인정보 및 고유식별정보(이하 "개인정보"라 함)를 수집·이용하는 것에 대하여 ▢ 동의합니다. ▢ 동의하지 않습니다.

    가. 개인정보의 수집·이용자(개인정보처리자) : 모금회

    나. 개인정보수집이용목적: 모금회의 지원사업 관련 업무

    다. 개인정보의 수집 이용항목: 주민등록번호를 제외한 나머지 개인정보(성명·주소 등 인적사항, 경제상황 및 재산상태, 입금계좌 등)

    라. 개인정보 보유 및 이용기간: 모금회가 정한 보존기간 동안

2. 본인은 모금회가 「개인정보보호법」제17조제1항제1호에 의거, 다음과 같이 본인의 개인정보를 제3자에게 제공하는 것에 대하여 ▢ 동의합니다. ▢ 동의하지 않습니다.

    가. 개인정보를 제공받는 자: 모금회 지원사업의 수행지원을 위한 개인정보처리 수탁기관

    나. 개인성보를 제공받는 자의 이용 목적: 모금회 지원사업의 업무처리

    다. 제공하는 개인정보의 항목: 위 1호 다목에 해당하는 개인정보

    라. 개인정보를 제공받는 자의 보유 및 이용기간: 모금회가 정한 보존기간 동안

3. 본인은 위 1~2호에 대해 동의를 거부할 수 있다는 안내를 받았으며 ▢ , 또한 본인의 동의가 없을 때에는 모금회가 지원하는 서비스의 제공이 어려울 수 있다는 안내를 받았습니다 ▢ .

본인은 본 동의서의 내용과 개인정보 수집·처리 및 제3자 제공에 관한
본인의 권리에 대하여 이해하고 서명합니다.

순번	배분 대상자명	생년 월일	성별	주소	품목	수량	보호 유형	개인정보 제공 동의(V표시)				서명(인수 확인 포함)
								수집/ 이용	3자 제공	동의 거부 안내 여부		
1	김사과	000000	남	생략	운동화 기프트 카드 7만원권	1장	저소득	▢동의 ▢비동의	▢동의 ▢비동의	▢받았음 ▢받았음		
2	박참외	000000	남	생략	운동화 기프트 카드 7만원권	1장	저소득	▢동의 ▢비동의	▢동의 ▢비동의	▢받았음 ▢받았음		

*지원대상자 : 기초생활수급권자, 특례수급자, 저소득(저소득·중위소득 80% 이내)
*지자체를 통한 대상추천 및 전달의 경우 지자체 공문으로 인수증을 접수

2022년 12월 16일

확인자: 정열매 (인) (확인자의 서명날인 혹은 도장이 없는 경우 접수 불가)

소 속: 열매재단

연락처: 010-0000-0000

 달성복지재단 · 대구사회복지공동모금회귀중

*출처 : 2022년 달성복지재단 후원사업 매뉴얼

【개인정보 수집·이용 및 제공 동의서】

달성복지재단 및 사회복지공동모금회(이하 '재단 및 모금회'라 함)는 「개인정보 보호법」제15조 및 22조에 의거하여 개인정보 수집 및 이용에 관한 정보 주체의 동의 절차를 준수하며, 개인정보 제공자가 동의한 이용 목적 외의 용도로는 절대 이용·제공되지 않습니다. 제공된 개인정보는 개인정보 관리 책임자를 통해 열람, 정정, 삭제 등을 요구할 수 있습니다.

1. 개인정보 수집·이용(일반 개인정보)

항목	수집·이용 목적	보유 기간
- 대상자 정보(성명, 성별, 생년월일 및 나이, 연락처, 보장 내역, 자격, 가족사항 및 혼인 관계 정보, 소득·재산 소계, 계좌번호 등) - 가구 구성 정보(성명, 생년월일, 동거 여부, 직업 등)	재단과 모금회의 배분사업 신청·지원 및 관리 등의 업무	10년

☞ 위의 개인정보 수집·이용에 대한 동의를 거부할 권리가 있습니다. 그러나 동의를 거부할 경우 배분사업 신청 및 관리 등에 제한을 받을 수 있습니다.

□ **동의함**   □ **동의하지 않음**

2. 개인정보 수집·이용(민감 정보)

항목	수집·이용 목적	보유 기간
- 「개인정보보호법」제23조 제1항 각 호와 동법 시행령 제18조 각 호에서 정하고 있는 민감 정보 - 가구 특성, 부양 의무자, 건강 상태, 주거 및 경제 상황 등 생활 실태 전반	재단과 모금회의 배분사업 신청·지원 및 관리 등의 업무	10년

☞ 위의 개인정보 수집·이용에 대한 동의를 거부할 권리가 있습니다. 그러나 동의를 거부할 경우 배분사업 신청 및 관리 등에 제한을 받을 수 있습니다.

□ **동의함**   □ **동의하지 않음**

〈법정 대리인 동의가 필요한 경우〉
※ 정보 주체가 만 14세 미만 아동(개인정보보호법 제22조 제5항, 해당법 시행령 제17조)
※ 피성년 후견인, 피한정 후견인 등(민법 제5·10·13조)

법정 대리인의 성명	법정 대리인의 연락처	정보 주체와의 관계
(인)		

상기 본인은 위와 같이 「개인정보보호법」등 관련 법규에 의거하여
개인정보 수집 및 활용에 동의합니다.
20   년   월   일
성명   (인)

달성복지재단 사회복지공동모금회 귀하

*출처 : 2022년 달성복지재단 후원사업 매뉴얼

사업 결과 보고서

O사업 수행과 관련하여 제작되는 모든 자료(책자, 홍보물, 현수막 등)에는 공동모금회 후원사항이 기록되어야 합니다(모금회 로고–사랑의 열매–는 모금회의 홈페이지(www.chest.or.kr) 자료도서관, 문서자료실에서 다운받으실 수 있습니다).

1. 사업 집행 결과 및 내용(사진 보유 시 첨부 요망)

	2021년	
	계획	결과
사업 집행 일정	*신청/현물 수령/배분 완료 예정 등 일정 명시 기부처: 열매상사 물품 종류: KF94 마스크 수량: 250박스 배분 예정 완료 일정: 2022.12.16.	*신청/현물 수령/배분 완료 결과 시점 명시 배분 수량: 250박스 배분 완료 시점: 2021. 12. 30.

2. 사업효과(요약정리)
* 본 사업을 통해 얻은 긍정적인 부분 등 명시

코로나19 상황에서 방역물품을 구매하기 어려운 저소득 취약계층에게 후원 마스크 지원을 통해, 코로나19 감염 전파를 예방하고 감염 위험을 낮추는데 기여했다고 판단됨.

3. 사업평가(요약정리)
*본 사업 중 개선되어야 할 사항 등 명시

대량의 마스크 지원을 하는데 공간, 인력부족 등의 어려움이 있었음.
추후 비슷한 물품지원사업이 있을 경우 거점공간 확보가 우선시 됨.

*출처 : 2022 희망온돌 따뜻한 겨울나기 사업안내

참고 양식 16 ┃ 기부자별 발급명세서(법정 서식)

■ 소득세법 시행규칙 [별지 제29호의7서식(1)] 〈개정 2022. 3. 18.〉

| 귀속 연도 | | 기부자별 발급명세서 | | 단체명 | |
| | | | | 사업자등록번호 | |

일련 번호	기부 일자	기부자 성명 (상호)	주민등록번호 (사업자등록번호)	기부 명세			발급 명세	
				내용	코드	금액	발급 번호	발급 일자
			주 소 (사업장)					

작성 방법

기부 명세의 코드 란에는 「소득세법」 제34조 제2항 제1호에 따른 기부금(10), 「소득세법」 제34조 제3항 제1호에 따른 기부금 중 종교 단체 기부금(41), 「소득세법」 제34조 제3항 제1호(종교단체 기부금 제외)에 따른 기부금(40), 정치 자금 기부금(20), 우리 사주 조합 기부금(42)으로 구분하여 작성합니다.

210mm×297mm[백상지 80g/㎡ 또는 중질지 80g/㎡]

기부금 모금액 및 활용실적 명세서(법정 서식)

■ 소득세법 시행규칙 [별지 제6호의2서식] 〈개정 2021. 10. 28.〉

기부금 모금액 및 활용실적 명세서

(앞쪽)

1. 기본 사항

① 단체명	② 사업자등록번호(고유번호)
③ 대표자	④ 기부 단체 구분
⑤ 전자우편 주소	⑥ 사업 연도
⑦ 전화번호	⑧ 기부금 지정 연도
⑨ 소재지	

2. 기부금의 수입·지출 명세

(단위: 원)

⑩ 월별	⑪ 수입	⑫ 지출	⑬ 잔액	월별	수입	지출	잔액
전기 이월	–	–		8월			
1월				9월			
2월				10월			
3월				11월			
4월				12월			
5월				합계			
6월				차기 이월	–	–	
7월							

3. 기부금 지출 명세서(국내 사업)

(단위: 원)

⑭ 지출월	⑮ 지급 목적	⑯ 지급 건수	⑰ 대표 지급처 명(단체명/개인)	⑱ 금액
⑲ 연도별	⑳ 지급 목적	㉑ 수혜 인원	㉒ 대표 지급처 명(단체명/개인)	㉓ 금액
합 계				

4. 기부금 지출 명세서 (국외 사업)

(단위: 원)

㉔ 지출월	㉕ 국가명	㉖ 지급 목적	㉗ 지급 건수	㉘ 대표 지급처 명(단체명/개인)	㉙ 금액
㉚ 연도별	㉛ 국가명	㉜ 지급 목적	㉝ 수혜 인원	㉞ 대표 지급처 명(단체명/개인)	㉟ 금액
합 계					

210mm×297mm[백상지 80g/㎡ 또는 중질지 80g/㎡]

■ 소득세법 시행 규칙 [별지 제45호서식] 〈개정 2021. 3. 16.〉

기부금 명세서

※ 뒤쪽의 작성 방법을 읽고 작성하여 주시기 바랍니다.   (앞쪽)

❶ 인적사항	① 근무지 또는 사업장 상호		② 사업자등록번호	
	③ 성 명		④ 주민등록번호	
	⑤ 주 소		(전화번호 :)	
	⑥ 사업장 소재지		(전화번호 :)	

❷ 해당 연도 기부 명세

⑦ 코드	⑧ 기부 내용	기 부 처		⑪ 기부자			기부 명세				
		⑨ 상호 (법인명)	⑩ 사업자 등록번호 등	관계 코드	성명	주민 등록번호	건수	기부금액			
								⑫ 합계 (⑬+⑭)	⑬ 공제 대상 기부 금액	공제 제외 기부금	
										⑭기부 장려금 신청 금액	⑮ 기타

❸ 구분 코드별 기부금의 합계

기부자 구 분	총 계	공제 대상 기부금					공제 제외 기부금	
		「소득세법」 제34조 제2항 제1호의 기부금	정치 자금 기부금	「소득세법」 제34조 제3항 제1호의 기부금(종교 단체외)	「소득세법」 제34조 제3항 제1호의 기부금(종교단체)	우리 사주 조합 기부금	기부장려금 신청 금액	기타
코 드		10	20	40	41	42	10,40,41	50
합 계								
본 인								
배우자								
직계 비속								
직계 존속								
형제자매								
그 외								

❹ 기부금 조정 명세

기부금 코드	기부 연도	⑯기부 금액	⑰ 전년까지 공제된 금액	p공제 대상 금액(⑯-⑰)	해당 연도 공제 금액		해당 연도에 공제받지 못한 금액	
					필요 경비	세액(소득)공제	소멸 금액	이월 금액

기부금영수증 발급합계표(법정 서식)

■ 법인세법 시행 규칙 [별지 제75호의3서식] 〈개정 2022. 3. 18.〉

기부금영수증 발급합계표

사업 연도 (과세 기간)	. . ~ . .

1. 기부금영수증 발급자 (공익법인 등)	① 법인명(단체명)		② 대 표 자	
	③ 사업자등록번호 (고유번호)		④ 전화번호	
	⑤ 소 재 지			
	⑥ 유 형 (해당란에 √)		□ 정부 등 공공 □ 교육 □ 종교 □ 사회 복지 □ 자선 □ 의료 □ 문화 □ 학술 □ 기타	

2. 해당 사업연도(과세 기간)의 기부금영수증 발급 현황　　　　　(단위: 원)

⑦ 구 분 ⑪ 기부자	⑧ 합 계		⑨ 「법인세법」 제24조 제2항 제1호에 따른 기부금(종전 법정기부금)		⑩ 「법인세법」 제24조 제3항 제1호에 따른 기부금(종전 지정기부금)	
	건수	금액	건수	금액	건수	금액
법 인						
개 인						
합 계						

「법인세법」 제112조의 2 제3항에 따른 기부금영수증 발급합계표를 제출합니다.

　년　　월　　일

제출인　　　　　　　　　　　　(서명 또는 인)

세무서장 귀하

작성방법

1. 이 서식은 기부금영수증을 발급하는 자가 해당 사업 연도(과세 기간)의 종료일이 속하는 달의 말일부터 6개월 이내에 관할 세무서장에게 제출해야 합니다.
2. ⑥ 유형 란: 기부금영수증 발급자(공익법인등)에 해당하는 유형을 선택합니다.
3. ⑧ ~ ⑩ 란: 해당 사업 연도의 해당 기부금영수증 총 발급 건수 및 총 발급 금액을 적습니다.
4. 2021년 7월 1일 이후 전자기부금영수증(「법인세법」 제75조의 4 제2항 및 제112조의 2에 규정되어 있습니다)을 발급하는 분부터는 본 서식을 제출할 의무가 없습니다.

210mm×297mm[백상지 80g/㎡ 또는 중질지 80g/㎡]

기부금 조정 명세서 (법정 서식) 앞뒷면

■ 소득세법 시행 규칙 [별지 제56호서식] 〈개정 2021. 3. 16.〉 (앞쪽)

기부금 조정 명세서

과세기간	년 월 일부터	상호	성명	
	년 월 일까지	사업자등록번호		

1. 「소득세법」 제34조 제2항 제1호에 따른 기부금 등 필요 경비 산입 한도액 계산

① 기준 소득 금액		⑤이월 잔액 중 필요 경비 산입액 MIN[④ , 26]	
② 「소득세법」 제45조에 따른 이월 결손금		⑥당해 연도 지출액 필요 경비 산입액 MIN[(④−⑤)>0, ③]	
③「조세특례제한법」 제76조 및 「소득세법」 제34조 제2항에 따른 기부금 해당 금액		⑦한도 초과액[(③−⑥)>0]	
④한도액 [(①−②)>0]		⑧ 소득 금액 차감 잔액 [(①−②−⑤−⑥)>0]	

2. 「조세특례제한법」 제88조의 4 제13항에 따른 기부금 필요 경비 산입 한도액 계산

⑨「조세특례제한법」 제88조의 4 제13항에 따른 기부금 해당 금액		⑫ 소득 금액 차감 잔액 [(⑧−⑪)>0]	
⑩한도액 (⑧×30%)		⑬ 한도 초과액[(⑨−⑩)>0]	
⑪ 필요 경비 산입액 MIN(⑨, ⑩)			

3. 「소득세법」 제34조 제3항 제1호에 따른 기부금 필요 경비 산입 한도액 계산

⑭ 종교 단체 외에 기부한 기부금 해당 금액		⑱ 이월 잔액 중 필요 경비 산입액 MIN[⑰ ㉓]	
⑮ 종교 단체에 기부한 기부금 해당 금액		⑲ 당해 연도 지출액 필요 경비 산입액 MIN[(⑰−⑱)>0, ⑯]	
⑯ 기부금 해당 금액 (⑭+⑮)		⑳ 한도 초과액[(⑯−⑲)>0]	
⑰ 기부금 한도액(㉠또는㉡) ㉠ 종교 단체에 기부한 금액이 있는 경우[(⑫×10%+(⑫×20%와 종교 단체 외에 지급한 금액 중 적은 금액)] ㉡ 종교 단체에 기부한 금액이 없는 경우(⑫×30%)			

4. 기부금 한도 초과액 총액

㉑ 기부금 합계액(③+⑨+⑯)	㉒ 손금산입 합계(⑥+⑪+⑲)	㉓ 한도초과액 합계(㉑−㉒)=(⑦+⑬ +⑳)

210mm×297mm[백상지 80g/㎡ 또는 중질지 80g/㎡]

5. 기부금 이월액 명세

기부금 코드	기부 연도	㉔ 기부 금액	㉕ 전년까지 공제된 금액	㉖ 공제 대상 금액(㉔-㉕)	㉗ 해당 과세 기간 필요 경비 산입액	㉘ 다음 과세 기간 이월액(㉖-㉗)
합 계						

작성방법

1. ①기준 소득 금액은 「소득세법」 제34조 제2항 제1호에 따른 기부금과 「소득세법」 제34조 제3항 제1호에 따른 기부금을 필요 경비에 산입하기 전의 해당 과세 기간의 소득 금액을 적습니다.

2. ③, ⑨, ⑭, ⑮ 란: '기부금명세서(별지 제45호 서식)'의 '3. 구분 코드별 기부금의 합계'에 해당하는 기부금 종류별 합계 금액과 일치해야 합니다.

3. ④한도액 란: '(①-②)〉0'은 ①에서 ②를 차감한 금액을 적되, 그 금액이 음수(-)인 경우에는 '0'으로 적습니다. 이하에서 (A-○B)〉0 표시된 경우는 모두 같은 방법으로 적습니다.

4. ⑤이월 잔액 중 필요 경비 산입액 란: 전기 이월된 한도 초과액 잔액 중 「소득세법」 제34조 제5항에 따라 필요 경비 산입되는 금액을 적되, 「소득세법」 제34조 제5항의 기부금 전기 이월액 중 해당 과세 기간 필요 경비 산입액의 합계 금액과 일치해야 합니다.

5. ⑥당해 연도 지출액 필요 경비 산입액 란: ④금액에서 ⑤금액을 뺀 금액과 ③금액 중 작은 금액을 적되, 그 금액이 음수(-)인 경우에는 '0'으로 적습니다.

6. ⑦한도 초과액 란: ③금액에서 ⑥금액을 빼서 적되, 그 금액이 음수(-)인 경우에는 '0'으로 적습니다.

※ 3. 「소득세법」 제34조 제3항 제1호에 따른 기부금 필요 경비 산입 한도액 계산에 동일하게 적용합니다.

7. ⑧소득 금액 차감 잔액 란: ①금액에서 ②금액을 뺀 금액에서 ⑤란과 ⑥란의 손금 산입액을 뺀 금액을 적되, 그 금액이 음수(-)인 경우에는 '0'으로 적습니다.

8. '5. 기부금 이월액 명세'는 ⑤ 란에 적어 필요 경비로 산입한 기부금 이월액을 과세 기간별·기부금 종류별로 구분하여 적습니다.

210mm×297mm[백상지 80g/㎡ 또는 중질지 80g/㎡]

현장에서 현물기부와 관련된 법령을 위주로 참고할 수 있도록 공익법인회계기준과 법인세법, 소득세
법, 부가가치세법, 조세특례제한법, 고향사랑기부금법, 상속세 및 증여세법 관련 조문을 실었다.

PART 8

부록

1. 공익법인회계기준

▶ **공익법인회계기준 제26조【기부금 등의 수익인식과 측정】**

① 현금이나 현물을 기부 받을 때에는 실제 기부를 받는 시점에 수익으로 인식한다.

② 현물을 기부 받을 때에는 수익금액을 공정가치(합리적인 판단력과 거래 의사가 있는 독립된 당사자 사이의 거래에서 자산이 교환되거나 부채가 결제될 수 있는 금액을 말한다. 이하 같다)로 측정한다.

③ 납부가 강제되는 회비 등에 대해서는 발생주의에 따라 회수가 확실해지는 시점에 수익을 인식할 수 있다.

④ 기부금 등이 기본순자산에 해당하는 경우 사업수익으로 인식하지 않고 기본순자산의 증가로 인식한다.

▶ **공익법인회계기준 제33조【자산의 평가기준】**

① 자산은 최초에 취득원가로 인식한다.

② 교환, 현물출자, 증여, 그 밖에 무상으로 취득한 자산은 공정가치를 취득원가로 한다.

③ 이 기준에서 별도로 정하는 경우를 제외하고는, 자산의 진부화 및 시장가치의 급격한 하락 등으로 인하여 자산의 회수가능액이 장부금액에 중요하게 미달되는 경우에는 장부금액을 회수가능액으로 조정하고 그 차액을 손상차손으로 처리한다. 이 경우 회수가능액은 다음 제1호와 제2호 중 큰 금액으로 한다.

1. 순공정가치: 합리적인 판단력과 거래 의사가 있는 독립된 당사자 사이의 거래에서 자산의 매각으로부터 수취할 수 있는 금액에서 처분부대원가를 차감한 금액

2. 사용가치: 자산에서 창출될 것으로 기대되는 미래 현금흐름의 현재가치

④ 과거 회계연도에 인식한 손상차손이 더 이상 존재하지 않거나 감소하였다면 자

산의 회수가능액이 장부금액을 초과하는 금액은 손상차손환입으로 인식한다. 다만, 손상차손환입으로 증가된 장부금액은 과거에 손상차손을 인식하기 전 장부금액의 감가상각 또는 상각 후 잔액을 초과할 수 없다

▶ **공익법인회계기준 제41조 【필수적 주석기재사항】**

공익법인은 이 기준의 다른 조항에서 주석으로 기재할 것을 요구하거나 허용하는 사항 외에 다음 각 호의 사항을 주석으로 기재한다.

1. 공익법인의 개황 및 주요사업 내용

2. 공익법인이 채택한 회계정책(자산·부채의 평가기준 및 수익과 비용의 인식기준을 포함한다)

3. 사용이 제한된 현금및현금성자산의 내용

4. 차입금 등 현금 등으로 상환하여야 하는 부채의 주요 내용

5. 현물기부의 내용

6. 제공한 담보·보증의 주요 내용

7. 특수관계인(상속세 및 증여세법 제2조 제10호의 정의에 따른다)과의 중요한 거래의 내용

8. 총자산 또는 사업수익금액의 10% 이상에 해당하는 거래에 대한 거래처명, 거래금액, 계정과목 등 거래 내역

9. 회계연도 말 현재 진행 중인 소송 사건의 내용, 소송금액, 진행 상황 등

10. 회계정책, 회계추정의 변경 및 오류수정에 관한 사항

11. 기본순자산의 취득원가와 공정가치를 비교하는 정보에 관한 사항

12. 순자산의 변동에 관한 사항

13. 유형자산 재평가차액의 누적금액

14. 유가증권의 취득원가와 재무제표 본문에 표시된 공정가치를 비교하는 정보

15. 그 밖에 일반기업회계기준에 따라 주석기재가 요구되는 사항 중 공익법인에 관련성이 있고 그 성격이나 금액이 중요한 사항

2. 법인세법

🗂 기부자의 기부가액과 공익법인의 취득가액 구분

▶ **법인세법시행령 제36조【기부금의 가액 등】〈개정 2019. 2. 12., 2021. 2. 17.〉**

① 법인이 법 제24조에 따른 기부금을 금전 외의 자산으로 제공한 경우 해당 자산의 가액은 다음 각 호의 구분에 따라 산정한다. (2019. 2. 12. 개정)

1. 법 제24조 제2항 제1호에 따른 기부금의 경우: 기부했을 때의 장부가액 (2021. 2. 17. 개정)

2. 특수관계인이 아닌 자에게 기부한 법 제24조 제3항 제1호에 따른 기부금의 경우: 기부했을 때의 장부가액 (2021. 2. 17. 개정)

3. 제1호 및 제2호 외의 경우: 기부했을 때의 장부가액과 시가 중 큰 금액 (2019. 2. 12. 개정)

② 법인이 법 제24조의 규정에 의한 기부금을 가지급금 등으로 이연계상한 경우에는 이를 그 지출한 사업연도의 기부금으로 하고, 그 후의 사업연도에 있어서는 이를 기부금으로 보지 아니한다. (1998. 12. 31. 개정)

③ 법인이 법 제24조의 규정에 의한 기부금을 미지급금으로 계상한 경우 실제로 이를 지출할 때까지는 당해 사업연도의 소득금액계산에 있어서 이를 기부금으로 보지 아니한다. (1998. 12. 31. 개정)

▶ **법인세법 집행기준 24-36-1【기부금의 가액】**

① 기부금을 금전 외의 자산으로 제공한 경우 해당 자산의 가액은 다음 각 호의 구분에 따라 산정한다.

1. 법정기부금: 기부했을 때의 장부가액

2. 특수관계인이 아닌 자에 대한 지정기부금: 기부했을 때의 장부가액

3. 그 외의 경우: 기부했을 때의 장부가액과 시가 중 큰 금액

② 기부금품의 시가 또는 장부가액의 적용기준은 기부를 하는 내국법인의 장부가액 또는 기부 당시의 법에서 정한 시가를 기준으로 한다.

③ 시가가 불분명한 비상장주식을 기부하는 경우 해당 주식의 시가는 「상속세 및 증여세법」을 준용한 평가액에 의하며, 이 경우 최대주주 등의 할증평가 규정이 적용된다.

▶ **법인세법 제41조【자산의 취득가액】**

① 내국법인이 매입·제작·교환 및 증여 등에 의하여 취득한 자산의 취득가액은 다음 각 호의 구분에 따른 금액으로 한다. (2018. 12. 24. 개정)

1. 타인으로부터 매입한 자산(대통령령으로 정하는 금융자산은 제외한다): 매입가액에 부대비용을 더한 금액 (2018. 12. 24. 개정)

2. 자기가 제조·생산 또는 건설하거나 그 밖에 이에 준하는 방법으로 취득한 자산: 제작원가(制作原價)에 부대비용을 더한 금액 (2018. 12. 24. 개정)

3. 그 밖의 자산: 취득 당시의 대통령령으로 정하는 금액 (2018. 12. 24. 개정)

② 제1항에 따른 매입가액 및 부대비용의 범위 등 자산의 취득가액의 계산에 필요한 사항은 대통령령으로 정한다. (2010. 12. 30. 개정)

▶ **법인세법시행령 제72조【자산의 취득가액 등】**

② 법 제41조 제1항 및 제2항에 따른 자산의 취득가액은 다음 각 호의 금액으로 한다. (2021. 2. 17 개정)

5의 3. 「상속세 및 증여세법 시행령」 제12조에 따른 공익법인 등이 기부받은 자산: 특수관계인 외의 자로부터 기부받은 법 제24조 제3항 제1호에 따른 기부금에 해당하는 자산(제36조 제1항에 따른 금전 외의 자산만 해당한다)은 기부한 자의 기부 당시 장부가액[사업소득과 관련이 없는 자산(개인인 경우만 해당한다)의 경우에는 취득 당시의 「소득세법 시행령」 제89조에 따른 취득가액을 말한다]. 다만, 「상속세 및 증여세법」에 따라 증여세 과세가액에 산입되지 않은 출연재산이 그 후에 과세요인이 발생하여 그 과세가액에 산입되지 않은 출연재산에 대하여 증여세의 전액이 부과되는 경우에는 기부 당시의 시가로 한다. (2021. 2. 17. 개정)

7. 그 밖의 방법으로 취득한 자산 : 취득당시의 시가

▶ **법인세법 집행기준 41-72-1【자산의 취득가액】**

내국법인이 매입·제작·교환 및 증여 등에 의하여 취득한 자산의 취득가액은 다음의 금액으로 한다.

9. 공익법인등이 기부받은 자산

기부한 자의 기부당시 장부가액. 다만 증여세 과세가액이 포함되지 아니한 출연재산이 그 후 과세요건이 발생하여 증여세의 전액이 부과되는 경우에는 기부당시의 시가

🗂 기부금과 접대비의 구분

▶ **법인세법 기본통칙 24-0…1【기부금과 접대비 등의 구분】**

사업과 직접 관계있는 자에게 금전 또는 물품을 기증한 경우에 그 금품의 가액은 접대비로 구분하며, 사업과 직접 관계가 없는 자에게 금전 또는 물품 등을 기증한 경우에 그 물품의 가액은 거래실태별로 다음 각호의 기준에 따라 접대비 또는 기부금으로 구분한다. (2019. 12. 23. 개정)

1. 업무와 관련하여 지출한 금품 …………접대비
2. 전1호에 해당되지 아니하는 금품………기부금

🗂 기부금에 해당하지 않는 현물기부

식품기부법 제2조 제1호 및 제1호의 2에 따른 식품 및 생활용품의 제조업, 도·소매업을 영위하는 내국법인이 해당 사업에서 발생한 잉여 식품 등을 이용자에게 직접 또는 간접적으로 제공하는 자에게 무상으로 기증하는 경우 잉여 식품 등의 장부가액을 해당 내국법인의 손비로 본다. 단, 내국법인이 잉여 식품 등을 법인세법 제24조 제1항에 따른 기부금에 포함하지 아니한 경우에 한 한다.

▶ 법인세법시행령 제19조 【손비의 범위】

법 제19조 제1항에 따른 손실 또는 비용[이하 "손비"(損費)라 한다]은 법 및 이 영에서 달리 정하는 것을 제외하고는 다음 각 호의 것을 포함한다. (2019. 2. 12. 개정)

13의 2. 「식품등 기부 활성화에 관한 법률」 제2조 제1호 및 제1호의 2에 따른 식품 및 생활용품(이하 이 호에서 "식품등"이라 한다)의 제조업·도매업 또는 소매업을 영위하는 내국법인이 해당 사업에서 발생한 잉여 식품등을 같은 법 제2조 제4호에 따른 제공자 또는 제공자가 지정하는 자에게 무상으로 기증하는 경우 기증한 잉여 식품등의 장부가액(이 경우 그 금액은 법 제24조 제1항에 따른 기부금에 포함하지 아니한다) (2019. 2. 12. 개정)

▶ 식품기부법 제2조 【정의】

이 법에서 사용하는 용어의 정의는 다음과 같다. 〈개정 2016. 2. 3.〉

1. "식품"이란 「식품위생법」 제2조제1호에 따른 식품을 말한다.

1의2. "생활용품"이란 세제·세면용품 등 개인 위생관리에 필요한 물품으로서 대통령령으로 정하는 물품을 말한다.

2. "기부식품등"이란 생활이 어려운 자에게 지원할 목적으로 제공된 식품등을 말한다.

3. "이용자"란 기부식품등을 이용하는 자를 말한다.

4. "제공자"란 기부식품등을 이용자에게 직접 또는 간접으로 제공하는 자를 말한다.

5. "사업자"란 제공자 중 제4조에 따른 기부식품등 제공사업을 계속적으로 영위하는 자로서 대통령령으로 정하는 자를 말한다.

🗂 현물기부 받은 자산을 사용·수익하는 경우 감가상각 필요

▶ 법인세법시행령 제24조 【감가상각자산의 범위】

① 법 제23조 제1항에서 "건물, 기계 및 장치, 특허권 등 대통령령으로 정하는 유형자산 및 무형자산"이란 다음 각 호의 유형자산 및 무형자산(제3항의 자산은 제외하며, 이하 "감가상각자산"이라 한다)을 말한다. (2019. 2. 12. 개정)

1. 다음 각 목의 어느 하나에 해당하는 유형자산 (2019. 2. 12. 개정)

사. 사용수익기부자산가액: 금전 외의 자산을 국가 또는 지방자치단체, 법 제24조 제2항 제1호 라목부터 바목까지의 규정에 따른 법인 또는 이 영 제39조 제1항 제1호에 따른 법인에게 기부한 후 그 자산을 사용하거나 그 자산으로부터 수익을 얻는 경우 해당 자산의 장부가액 (2021. 2. 17. 개정)

▶ **법인세법 제24조 【기부금의 손금불산입】**

② 내국법인이 각 사업연도에 지출한 기부금 및 제5항에 따라 이월된 기부금(제3항 제1호에 따른 기부금은 제외한다) 중 제1호에 따른 기부금은 제2호에 따라 산출한 손금 산입한도액 내에서 해당 사업연도의 소득금액을 계산할 때 손금에 산입하되, 손금 산입한도액을 초과하는 금액은 손금에 산입하지 아니한다. (2020. 12. 22. 개정)

1. 다음 각 목의 어느 하나에 해당하는 기부금 (2020. 12. 22. 개정)

라. 다음의 기관(병원은 제외한다)에 시설비·교육비·장학금 또는 연구비로 지출하는 기부금 (2020. 12. 22. 개정)

1) 「사립학교법」에 따른 사립학교 (2020. 12. 22. 개정)

2) 비영리 교육재단(국립·공립·사립학교의 시설비, 교육비, 장학금 또는 연구비 지급을 목적으로 설립된 비영리 재단법인으로 한정한다) (2020. 12. 22. 개정)

3) 「국민 평생 직업능력 개발법」에 따른 기능대학 (2021. 8. 17. 개정 ; 근로자직업능력 개발법 부칙)

4) 「평생교육법」에 따른 전공대학의 명칭을 사용할 수 있는 평생교육시설 및 원격대학 형태의 평생교육시설 (2020. 12. 22. 개정)

5) 「경제자유구역 및 제주국제자유도시의 외국교육기관 설립·운영에 관한 특별법」에 따라 설립된 외국교육기관 및 「제주특별자치도 설치 및 국제자유도시 조성을 위한 특별법」에 따라 설립된 비영리법인이 운영하는 국제학교 (2020. 12. 22. 개정)

6) 「산업교육진흥 및 산학연협력촉진에 관한 법률」에 따른 산학협력단 (2020. 12. 22. 개정)

7) 「한국과학기술원법」에 따른 한국과학기술원, 「광주과학기술원법」에 따른 광주과학기술원, 「대구경북과학기술원법」에 따른 대구경북과학기술원, 「울산과학기술원법」에 따른 울산과학기술원 및 「한국에너지공과대학교법」에 따른 한국에너지공

과대학교 (2021. 12. 21. 개정)

8) 「국립대학법인 서울대학교 설립·운영에 관한 법률」에 따른 국립대학법인 서울대학교, 「국립대학법인 인천대학교 설립·운영에 관한 법률」에 따른 국립대학법인 인천대학교 및 이와 유사한 학교로서 대통령령으로 정하는 학교 (2020. 12. 22. 개정)

9) 「재외국민의 교육지원 등에 관한 법률」에 따른 한국학교(대통령령으로 정하는 요건을 충족하는 학교만 해당한다)로서 대통령령으로 정하는 바에 따라 기획재정부장관이 지정·고시하는 학교 (2020. 12. 22. 개정)

마. 다음의 병원에 시설비·교육비 또는 연구비로 지출하는 기부금 (2020. 12. 22. 개정)

1) 「국립대학병원 설치법」에 따른 국립대학병원 (2020. 12. 22. 개정)

2) 「국립대학치과병원 설치법」에 따른 국립대학치과병원 (2020. 12. 22. 개정)

3) 「서울대학교병원 설치법」에 따른 서울대학교병원 (2020. 12. 22. 개정)

4) 「서울대학교치과병원 설치법」에 따른 서울대학교치과병원 (2020. 12. 22. 개정)

5) 「사립학교법」에 따른 사립학교가 운영하는 병원 (2020. 12. 22. 개정)

6) 「암관리법」에 따른 국립암센터 (2020. 12. 22. 개정)

7) 「지방의료원의 설립 및 운영에 관한 법률」에 따른 지방의료원 (2020. 12. 22. 개정)

8) 「국립중앙의료원의 설립 및 운영에 관한 법률」에 따른 국립중앙의료원 (2020. 12. 22. 개정)

9) 「대한적십자사 조직법」에 따른 대한적십자사가 운영하는 병원 (2020. 12. 22. 개정)

10) 「한국보훈복지의료공단법」에 따른 한국보훈복지의료공단이 운영하는 병원 (2020. 12. 22. 개정)

11) 「방사선 및 방사성동위원소 이용진흥법」에 따른 한국원자력의학원 (2020. 12. 22. 개정)

12) 「국민건강보험법」에 따른 국민건강보험공단이 운영하는 병원 (2020. 12. 22. 개정)

13) 「산업재해보상보험법」 제43조 제1항 제1호에 따른 의료기관 (2020. 12. 22. 개정)

바. 사회복지사업, 그 밖의 사회복지활동의 지원에 필요한 재원을 모집·배분하는 것을 주된 목적으로 하는 비영리법인(대통령령으로 정하는 요건을 충족하는 법인만 해당한다)으로서 대통령령으로 정하는 바에 따라 기획재정부장관이 지정·고시하는 법인에 지출하는 기부금 (2020. 12. 22. 개정)

▶ **법인세법시행령 제39조 【공익성을 고려하여 정하는 기부금의 범위 등】**

(2021. 2. 17. 제목개정)

① 법 제24조 제3항 제1호에서 "대통령령으로 정하는 기부금"이란 다음 각 호의 어느 하나에 해당하는 것을 말한다. (2021. 2. 17. 개정)

1. 다음 각 목의 비영리법인(단체 및 비영리외국법인을 포함하며, 이하 이 조에서 "공익법인등"이라 한다)에 대하여 해당 공익법인등의 고유목적사업비로 지출하는 기부금. 다만, 바목에 따라 지정·고시된 법인에 지출하는 기부금은 지정일이 속하는 연도의 1월 1일부터 3년간(지정받은 기간이 끝난 후 2년 이내에 재지정되는 경우에는 재지정일이 속하는 사업연도의 1월 1일부터 6년간으로 한다. 이하 이 조에서 "지정기간"이라 한다) 지출하는 기부금으로 한정한다. (2021. 2. 17. 개정)

가. 「사회복지사업법」에 따른 사회복지법인 (2018. 2. 13. 개정)

나. 「영유아보육법」에 따른 어린이집 (2018. 2. 13. 개정)

다. 「유아교육법」에 따른 유치원, 「초·중등교육법」 및 「고등교육법」에 따른 학교, 「국민 평생 직업능력 개발법」에 따른 기능대학, 「평생교육법」 제31조 제4항에 따른 전공대학 형태의 평생교육시설 및 같은 법 제33조 제3항에 따른 원격대학 형태의 평생교육시설 (2022. 2. 17. 개정 ; 근로자직업능력 개발법 시행령 부칙)

라. 「의료법」에 따른 의료법인 (2018. 2. 13. 개정)

마. 종교의 보급, 그 밖에 교화를 목적으로 「민법」 제32조에 따라 문화체육관광부장관 또는 지방자치단체의 장의 허가를 받아 설립한 비영리법인(그 소속 단체를 포함한다) (2018. 2. 13. 개정)

바. 「민법」 제32조에 따라 주무관청의 허가를 받아 설립된 비영리법인(이하 이 조에서 "「민법」상 비영리법인"이라 한다), 비영리외국법인, 「협동조합 기본법」 제85조에 따라 설립된 사회적협동조합(이하 이 조에서 "사회적협동조합"이라 한다), 「공공기관의 운영에 관한 법률」 제4조에 따른 공공기관(같은 법 제5조 제4항 제1호에 따른 공기업은 제외한다. 이하 이 조에서 "공공기관"이라 한다) 또는 법률에 따라 직접 설립 또는 등록된 기관 중 다음의 요건을 모두 충족한 것으로서 국세청장(주사무소 및 본점소재지 관할 세무서장을 포함한다. 이하 이 조에서 같다)의 추천을 받아 기획재정부장관이 지정하여 고시한 법인. 이 경우 국세청장은 해당 법인의 신청을 받아 기획재정부장관에게 추천해야 한다. (2021. 2. 17. 개정)

1) 다음의 구분에 따른 요건 (2018. 2. 13. 개정)

가)「민법」상 비영리법인 또는 비영리외국법인의 경우: 정관의 내용상 수입을 회원의 이익이 아닌 공익을 위하여 사용하고 사업의 직접 수혜자가 불특정 다수일 것 (비영리외국법인의 경우 추가적으로「재외동포의 출입국과 법적 지위에 관한 법률」제2조에 따른 재외동포의 협력·지원, 한국의 홍보 또는 국제교류·협력을 목적으로 하는 것일 것). 다만,「상속세 및 증여세법 시행령」제38조 제8항 제2호 각 목 외의 부분 단서에 해당하는 경우에는 해당 요건을 갖춘 것으로 본다. (2021. 2. 17. 단서신설)

나) 사회적협동조합의 경우: 정관의 내용상「협동조합 기본법」제93조 제1항 제1호부터 제3호까지의 사업 중 어느 하나의 사업을 수행하는 것일 것 (2018. 2. 13. 개정)

다) 공공기관 또는 법률에 따라 직접 설립 또는 등록된 기관의 경우: 설립목적이 사회복지·자선·문화·예술·교육·학술·장학 등 공익목적 활동을 수행하는 것일 것 (2021. 2. 17. 개정)

2) 해산하는 경우 잔여재산을 국가·지방자치단체 또는 유사한 목적을 가진 다른 비영리법인에 귀속하도록 한다는 내용이 정관에 포함되어 있을 것 (2018. 2. 13. 개정)

3) 인터넷 홈페이지가 개설되어 있고, 인터넷 홈페이지를 통해 연간 기부금 모금액 및 활용실적을 공개한다는 내용이 정관에 포함되어 있으며, 법인의 공익위반 사항을 국민권익위원회, 국세청 또는 주무관청 등 공익위반사항을 관리·감독할 수 있는 기관(이하 "공익위반사항 관리·감독 기관"이라 한다) 중 1개 이상의 곳에 제보가 가능하도록 공익위반사항 관리·감독기관이 개설한 인터넷 홈페이지와 해당 법인이 개설한 홈페이지가 연결되어 있을 것 (2020. 2. 11. 개정)

4) 비영리법인으로 지정·고시된 날이 속하는 연도와 그 직전 연도에 해당 비영리법인의 명의 또는 그 대표자의 명의로 특정 정당 또는 특정인에 대한「공직선거법」제58조 제1항에 따른 선거운동을 한 사실이 없을 것 (2022. 2. 15. 개정)

5) 제12항에 따라 지정이 취소된 경우에는 그 취소된 날부터 3년, 제9항에 따라 추천을 받지 않은 경우에는 그 지정기간의 종료일부터 3년이 지났을 것. 다만, 제5항 제1호에 따른 의무를 위반한 사유만으로 지정이 취소되거나 추천을 받지 못한 경우에는 그렇지 않다. (2020. 2. 11. 개정)

3. 소득세법

▶ **소득세법 제34조 【기부금의 필요경비 불산입】**

① 이 조에서 "기부금"이란 사업자가 사업과 직접적인 관계없이 무상으로 지출하는 금액(대통령령으로 정하는 거래를 통하여 실질적으로 증여한 것으로 인정되는 금액을 포함한다)을 말한다. (2018. 12. 31. 신설)

② 사업자가 해당 과세기간에 지출한 기부금 및 제5항에 따라 이월된 기부금(제3항 제1호에 따른 기부금은 제외한다) 중 제1호에 따른 기부금은 제2호에 따라 산출한 필요경비 산입한도액 내에서 해당 과세기간의 사업소득금액을 계산할 때 필요경비에 산입하고, 필요경비 산입한도액을 초과하는 금액은 필요경비에 산입하지 아니한다. (2020. 12. 29. 개정)

1. 다음 각 목의 어느 하나에 해당하는 기부금 (2020. 12. 29. 개정)

가. 「법인세법」 제24조 제2항 제1호에 따른 기부금 (2020. 12. 29. 개정)

나. 「재난 및 안전관리 기본법」에 따른 특별재난지역을 복구하기 위하여 자원봉사를 한 경우 그 용역의 가액. 이 경우 용역의 가액산정방법 등에 관하여 필요한 사항은 대통령령으로 정한다. (2020. 12. 29. 개정)

▶ **소득세법시행령 제80조 【공익성을 고려하여 정하는 기부금의 범위】**
  (2021. 2. 17. 제목개정)

① 법 제34조 제3항 제1호에서 "대통령령으로 정하는 기부금"이란 다음 각 호의 어느 하나에 해당하는 것을 말한다. (2021. 2. 17. 개정)

1. 「법인세법 시행령」 제39조 제1항 각 호의 것 (2019. 2. 12. 개정)

2. 다음 각 목의 어느 하나에 해당하는 회비 (2010. 2. 18. 개정)

가. 「노동조합 및 노동관계 조정법」 또는 「교원의 노동조합설립 및 운영 등에 관한 법률」에 따라 설립된 노동조합에 가입한 사람이 납부한 회비 (2010. 2. 18. 개정)

나. 「교육기본법」 제15조에 따른 교원단체에 가입한 사람이 납부한 회비 (2010. 2. 18. 개정)

다. 「공무원직장협의회의 설립·운영에 관한 법률」에 따라 설립된 공무원 직장협의회에 가입한 사람이 납부한 회비 (2010. 2. 18. 개정)

라. 「공무원의 노동조합 설립 및 운영 등에 관한 법률」에 따라 설립된 노동조합에 가입한 사람이 납부한 회비 (2010. 2. 18. 개정)

3. 위탁자의 신탁재산이 위탁자의 사망 또는 약정한 신탁계약 기간의 종료로 인하여 「상속세 및 증여세법」 제16조 제1항에 따른 공익법인 등에 기부될 것을 조건으로 거주자가 설정한 신탁으로서 다음 각 목의 요건을 모두 갖춘 신탁에 신탁한 금액 (2014. 2. 21. 개정)

가. 위탁자가 사망하거나 약정한 신탁계약기간이 위탁자의 사망 전에 종료하는 경우 신탁재산이 「상속세 및 증여세법」 제16조 제1항에 따른 공익법인 등에 기부될 것을 조건으로 거주자가 설정할 것 (2010. 12. 30. 신설)

나. 신탁설정 후에는 계약을 해지하거나 원금 일부를 반환할 수 없음을 약관에 명시할 것 (2010. 12. 30. 신설)

다. 위탁자와 가목의 공익법인 등 사이에 「국세기본법 시행령」 제20조 제13호에 해당하는 특수관계가 없을 것 (2010. 12. 30. 신설)

라. 금전으로 신탁할 것 (2010. 12. 30. 신설)

4. (삭제, 2010. 2. 18.)

5. 「비영리민간단체 지원법」에 따라 등록된 단체 중 다음 각 목의 요건을 모두 충족한 것으로서 행정안전부장관의 추천을 받아 기획재정부장관이 지정한 단체(이하 이 조에서 "공익단체"라 한다)에 지출하는 기부금. 다만, 공익단체에 지출하는 기부금은 지정일이 속하는 과세기간의 1월 1일부터 3년간(지정받은 기간이 끝난 후 2년 이내에 재지정되는 경우에는 재지정일이 속하는 과세기간의 1월 1일부터 6년간) 지출하는 기부금만 해당한다. (2021. 2. 17. 개정)

영 80조 1항 5호 각 목 외의 부분 단서의 개정규정(지정기간에 관한 부분으로 한정함)은 2022. 1. 1. 이후 공익단체를 지정하는 경우부터 적용함. (영 부칙(2021. 2. 17.) 4조 1항)

2022. 1. 1. 전에 지정된 공익단체의 경우에는 영 80조 1항 5호 각 목 외의 부분

단서의 개정규정에도 불구하고 종전의 규정에 따름. (영 부칙(2021. 2. 17.) 22조 1항)

가. 해산시 잔여재산을 국가·지방자치단체 또는 유사한 목적을 가진 비영리단체에 귀속하도록 한다는 내용이 정관에 포함되어 있을 것 (2014. 2. 21. 개정)

나. 수입 중 개인의 회비·후원금이 차지하는 비율이 기획재정부령으로 정하는 비율을 초과할 것. 이 경우 다음의 수입은 그 비율을 계산할 때 수입에서 제외한다. (2022. 2. 15. 개정)

1) 국가 또는 지방자치단체로부터 받는 보조금 (2022. 2. 15. 신설)

2) 「상속세 및 증여세법」 제16조 제1항에 따른 공익법인등으로부터 지원받는 금액 (2022. 2. 15. 신설)

다. 정관의 내용상 수입을 친목 등 회원의 이익이 아닌 공익을 위하여 사용하고 사업의 직접 수혜자가 불특정 다수일 것. 다만, 「상속세 및 증여세법 시행령」 제38조 제8항 제2호 단서에 해당하는 경우에는 해당 요건을 갖춘 것으로 본다. (2021. 2. 17. 단서신설)

영 80조 1항 5호 다목 단서의 개정규정은 2021. 1. 1. 이후 공익단체를 지정하는 경우부터 적용함. (영 부칙(2021. 2. 17.) 4조 2항)

라. 지정을 받으려는 과세기간의 직전 과세기간 종료일부터 소급하여 1년 이상 비영리민간단체 명의의 통장으로 회비 및 후원금 등의 수입을 관리할 것 (2008. 2. 22. 신설)

마. (삭제, 2021. 2. 17.)

2021. 2. 17. 전에 지정한 공익단체의 경우에는 영 80조 1항 5호 마목의 개정규정에도 불구하고 종전의 규정에 따름. (영 부칙(2021. 2. 17.) 22조 2항)

바. 기부금 모금액 및 활용실적 공개 등과 관련하여 다음의 요건을 모두 갖추고 있을 것. 다만, 「상속세 및 증여세법」 제50조의 3 제1항 제2호에 따른 사항을 같은 법 시행령 제43조의 3 제4항에 따른 표준서식에 따라 공시하는 경우에는 기부금 모금액 및 활용실적을 공개한 것으로 본다. (2021. 2. 17. 개정)

영 80조 1항 5호 바목의 개정규정은 2021. 1. 1. 이후 공시하는 경우부터 적용함. (영 부칙(2021. 2. 17.) 4조 3항)

1) 행정안전부장관의 추천일 현재 인터넷 홈페이지가 개설되어 있을 것(2021. 2. 17. 개정)

2) 1)에 따라 개설된 인터넷 홈페이지와 국세청의 인터넷 홈페이지를 통하여 연간

기부금 모금액 및 활용실적을 매년 4월 30일까지 공개한다는 내용이 정관에 포함되어 있을 것(2021. 2. 17. 개정)

3) 재지정의 경우에는 매년 4월 30일까지 1)에 따라 개설된 인터넷 홈페이지와 국세청의 인터넷 홈페이지에 연간 기부금 모금액 및 활용실적을 공개했을 것 (2021. 2. 17. 개정)

사. 지정을 받으려는 과세기간 또는 그 직전 과세기간에 공익단체 또는 그 대표자의 명의로 특정 정당 또는 특정인에 대한 「공직선거법」 제58조 제1항에 따른 선거운동을 한 사실이 없을 것 (2022. 2. 15. 개정)

6. (삭제, 2010. 2. 18.)

② 국세청장은 공익단체가 다음 각 호의 어느 하나에 해당하는 경우에는 해당 공익단체에 미리 의견을 제출할 기회를 준 후 기획재정부장관에게 그 지정의 취소를 요청할 수 있다. 이 경우 그 요청을 받은 기획재정부장관은 해당 공익단체의 지정을 취소할 수 있다. (2021. 2. 17. 개정)

1. 공익단체가 「상속세 및 증여세법」 제48조 제2항, 제3항, 제8항부터 제11항까지, 제78조 제5항 제3호, 같은 조 제10항 및 제11항에 따라 1천만원 이상의 상속세(그 가산세를 포함한다) 또는 증여세(그 가산세를 포함한다)를 추징당한 경우 (2021. 2. 17. 개정)
영 80조 2항 1호의 개정규정은 2021. 2. 17. 이후 지정취소를 요청하는 경우부터 적용함. (영 부칙(2021. 2. 17.) 4조 4항)

2. 공익단체가 목적 외 사업을 하거나 설립허가의 조건에 위반하는 등 공익목적에 위반한 사실을 주무관청의 장(행정안전부장관을 포함한다)이 국세청장에게 통보한 경우 (2021. 2. 17. 개정)

3. 「국세기본법」 제85조의 5에 따른 불성실기부금수령단체에 해당되어 명단이 공개되는 경우 (2008. 2. 22. 신설)

4. 제1항 제5호 각 목의 요건을 위반하거나 실제 경영하는 사업이 해당 요건과 다른 경우 (2014. 2. 21. 개정)

5. 공익단체가 해산한 경우 (2021. 2. 17. 개정)

6. 공익단체의 대표자, 임원, 대리인 또는 그 밖의 종업원이 「기부금품의 모집 및 사용에 관한 법률」을 위반하여 같은 법 제16조에 따라 공익단체 또는 개인에게 징역 또는 벌금형이 확정된 경우 (2021. 2. 17. 신설)

영 80조 2항 6호의 개정규정은 2021. 2. 17. 이후 지정취소를 요청하는 경우부터 적용함. (영 부칙(2021. 2. 17.) 4조 4항)

7. 공익단체가 제3항 후단 및 제5항 후단에 따른 요구에도 불구하고 해당 과세기간의 결산보고서 또는 수입명세서를 제출하지 않은 경우 (2022. 2. 15. 신설)

③ 공익단체는 해당 과세기간의 결산보고서를 해당 과세기간의 종료일부터 3개월 이내에 행정안전부장관에게 제출해야 한다. 이 경우 공익단체가 그 기한까지 제출하지 않으면 행정안전부장관은 그 공익단체에 기획재정부령으로 정하는 바에 따라 결산보고서를 제출하도록 요구해야 한다. (2022. 2. 15. 후단신설)

④ 행정안전부장관은 제3항에 따라 결산보고서를 제출받은 때에는 다음 각 호의 사항을 공개할 수 있다. (2017. 7. 26. 직제개정 ; 행정안전부와 그 소속기관 직제 부칙)

1. 전체 수입 중 개인의 회비 및 후원금이 차지하는 비율 (2008. 2. 22. 신설)

2. 기부금의 총액 및 건수와 그 사용명세서 (2008. 2. 22. 신설)

⑤ 공익단체는 기획재정부령으로 정하는 수입명세서를 해당 과세기간의 종료일부터 3개월 이내에 관할 세무서장에게 제출해야 한다. 이 경우 공익단체가 그 기한까지 제출하지 않으면 관할 세무서장은 그 공익단체에 기획재정부령으로 정하는 바에 따라 수입명세서를 제출하도록 요구해야 한다. (2022. 2. 15. 후단신설)

⑥ 제2항에 따라 지정이 취소된 단체에 대하여는 취소된 날부터 3년이 지나야 재지정할 수 있다. (2014. 2. 21. 개정)

⑦ 제1항 제5호에 따른 공익단체의 지정절차, 같은 호 각 목의 요건 확인방법, 제출 서류 및 제2항에 따른 지정 취소 절차 등에 관하여 필요한 사항은 기획재정부령으로 정한다. (2022. 2. 15. 개정)

▶ **소득세법시행령 제81조 【기부금과 접대비 등의 계산】**

③ 사업자가 법 제34조 및 제35조에 따른 기부금 또는 접대비 등을 금전 외의 자산으로 제공한 경우 해당 자산의 가액은 이를 제공한 때의 시가(시가가 장부가액보다 낮은 경우에는 장부가액을 말한다)에 따른다. 다만, 「박물관 및 미술관 진흥법」 제3조에 따른 국립 박물관 및 국립 미술관에 제공하는 기부금에 대해서는 기증유물의 감정평가를 위하여 문화체육관광부에 두는 위원회에서 산정한 금액으로 할 수 있다. (2020. 2. 11. 개정)

⑤ 법 제34조 제2항 제1호 나목에 따른 자원봉사용역(이하 "자원봉사용역"이라 한다)의 가액은 다음 각 호에 따라 계산한 금액의 합계액으로 한다. (2021. 2. 17. 개정)

1. 다음 산식에 의하여 계산한 봉사일수에 5만원을 곱한 금액(소수점 이하의 부분은 1일로 보아 계산한다). 이 경우 개인사업자의 경우에는 본인의 봉사분에 한한다. (2003. 12. 30. 신설)

봉사일수=총 봉사시간÷8시간

2. 당해 자원봉사용역에 부수되어 발생하는 유류비·재료비 등 직접비용 (2003. 12. 30. 신설)

제공할 당시의 시가 또는 장부가액

⑥ 법 제34조 제2항 제1호 나목을 적용할 때 해당 자원봉사용역(특별재난지역으로 선포되기 이전에 같은 지역에서 행한 자원봉사용역을 포함한다)은 특별재난지역의 지방자치단체의 장(해당 지방자치단체의 장의 위임을 받은 단체의 장 또는 해당 지방자치단체에 설치된 자원봉사센터의 장을 포함한다)이 기획재정부령으로 정하는 기부금확인서를 발행하여 확인한다. (2021. 2. 17. 개정)

▶ **소득세법 집행기준 34-81-1 【금전 외의 자산으로 제공한 기부금의 가액】**

기부금을 금전 외의 자산으로 제공한 경우 해당 자산의 가액은 이를 제공한 때의 시가(시가가 장부 가액보다 낮은 경우에는 장부가액)로 한다

▶ **소득세법 기본통칙 35-0…1 【기부금과 접대비 등의 구분】**

사업자가 금전 또는 물품 등을 기증한 경우에 그 금품의 가액은 거래실태별로 다음 각호에 규정하는 기준에 따라 접대비 또는 기부금으로 구분한다. 다만, 정치단체·사회단체·기념사업회 등에 지급한 경우에는 이를 기부금으로 한다 (1997. 4. 8. 개정)

1. 업무와 관련하여 지출한 금품 ………………………………………접대비
2. 제1호에 해당되지 아니하는 금품 ………………………………………기부금

▶ **소득세법시행령 제62조 【감가상각액의 필요경비계산】**

② 제1항에서 "감가상각자산"이란 해당 사업에 직접 사용하는 다음 각 호의 어느

하나에 해당하는 자산(시간의 경과에 따라 그 가치가 감소되지 아니하는 것을 제외한다)을 말한다. (2020. 2. 11. 개정)

2. 다음 각 목의 어느 하나에 해당하는 무형자산 (2020. 2. 11. 개정)

사. 사용수익기부자산가액 : 금전 외의 자산을 기부한 후 그 자산을 사용하거나 그 자산으로부터 수익을 얻는 경우 당해 자산의 장부가액 (2001. 12. 31. 신설)

4. 부가가치세법

무상으로 제공한 재화 또는 용역의 공급은 현물기부에 해당하는 경우 과세거래에 해당하므로 수입금액에 포함하여야 합니다. 이 경우 해당 기부금에 대한 기부금공제가 가능합니다.

▶ **부가가치세법 집행기준 9-18-1【재화·용역의 공급에 대한 주요 유형】**
부가가치세가 과세되는 재화·용역의 공급에는 다음의 거래가 포함된다.

• 기부채납

국가 또는 지방자치단체가 부동산 등의 소유권을 무상으로 받아들이는 것을 말하며, 기부는 「민법」상의 증여와 같고, 채납은 승낙에 해당. 기부채납의 대가로 일정기간 동안 재산권에 대한 무상사용·수익권을 얻는 경우에는 재화와 용역의 교환거래이다.

• 증여

당사자 일방이 무상으로 재산을 상대방에게 수여하는 의사를 표시하고 상대방이 이를 승낙함으로써 그 효력이 생기며, 사업자가 사업용 부동산을 타인(국가·지방자치단체·공익단체 제외)에게 증여하는 것

5. 조세특례제한법

▶ **조세특례제한법 제58조【고향사랑 기부금에 대한 세액공제 등】**

① 거주자가 「고향사랑 기부금에 관한 법률」에 따라 고향사랑 기부금을 지방자치단체에 기부한 경우 다음 각 호의 계산식에 따라 계산한 금액을 이를 지출한 해당 과세연도의 종합소득산출세액에서 공제한다. 다만, 사업자인 거주자의 경우 10만원 이하의 금액에 대해서는 제1호를 따르되, 10만원을 초과하는 금액에 대해서는 이월결손금을 뺀 후의 소득금액의 범위에서 손금에 산입한다.

1. 10만원 이하의 금액을 기부한 경우: 고향사랑 기부금 × 110분의 100

2. 10만원 초과 5백만원 이하의 금액을 기부한 경우: 10만원 × 110분의 100 + (고향사랑 기부금 - 10만원) × 100분의 15

② 제1항에 따라 세액공제받는 금액은 해당 과세기간의 종합소득산출세액을 한도로 하며, 사업자인 거주자가 필요경비에 산입하는 경우 해당 과세기간의 소득금액에서 「소득세법」 제45조에 따른 이월결손금을 뺀 금액을 한도로 한다.

③ 이 법에 따라 세액공제받거나 필요경비에 산입한 고향사랑 기부금과 제2항의 한도를 초과한 고향사랑 기부금에 대해서는 「소득세법」 제34조제2항 또는 같은 법 제59조의4제4항을 적용하지 아니한다.

5-1. 고향사랑기부금법

고향사랑기부금법 제2조 【정의】

이 법에서 사용하는 용어의 뜻은 다음과 같다.

1. "고향사랑 기부금"이란 지방자치단체가 주민복리 증진 등의 용도로 사용하기 위한 재원을 마련하기 위하여 해당 지방자치단체의 주민이 아닌 사람으로부터 자발적으로 제공받거나 모금을 통하여 취득하는 금전을 말한다.

2. "고향사랑 기부금의 모금"이란 지방자치단체가 광고, 정보통신망의 이용, 그 밖의 방법으로 해당 지방자치단체에 고향사랑 기부금을 제공하여 줄 것을 다른 사람에게 의뢰·권유 또는 요구하는 행위를 말한다.

6. 상속세 및 증여세법

▶ **상증세법 제16조 【공익법인등에 출연한 재산에 대한 상속세 과세가액 불산입】**
  (2016. 12. 20. 제목개정)

① 상속재산 중 피상속인이나 상속인이 종교·자선·학술 관련 사업 등 공익성을 고려하여 대통령령으로 정하는 사업을 하는 자(이하 "공익법인등"이라 한다)에게 출연한 재산의 가액으로서 제67조에 따른 신고기한(법령상 또는 행정상의 사유로 공익법인등의 설립이 지연되는 등 대통령령으로 정하는 부득이한 사유가 있는 경우에는 그 사유가 없어진 날이 속하는 달의 말일부터 6개월까지를 말한다)까지 출연한 재산의 가액은 상속세 과세가액에 산입하지 아니한다. (2020. 6. 9. 개정 ; 법률용어 정비를 위한 기획재정위원회 소관 33개 법률 일부개정을 위한 법률)

② 제1항에도 불구하고 내국법인의 의결권 있는 주식 또는 출자지분(이하 이 조에서 "주식등"이라 한다)을 공익법인등에 출연하는 경우로서 출연하는 주식등과 제1호의 주식등을 합한 것이 그 내국법인의 의결권 있는 발행주식총수 또는 출자총액(자기주식과 자기출자지분은 제외한다. 이하 이 조에서 "발행주식총수등"이라 한다)의 제2호에 따른 비율을 초과하는 경우에는 그 초과하는 가액을 상속세 과세가액에 산입한다. (2017. 12. 19. 개정)

1. 주식등: 다음 각 목의 주식등 (2017. 12. 19. 개정)

가. 출연자가 출연할 당시 해당 공익법인등이 보유하고 있는 동일한 내국법인의 주식등 (2017. 12. 19. 개정)

나. 출연자 및 그의 특수관계인이 해당 공익법인등 외의 다른 공익법인등에 출연한 동일한 내국법인의 주식등 (2017. 12. 19. 개정)

다. 상속인 및 그의 특수관계인이 재산을 출연한 다른 공익법인등이 보유하고 있는 동일한 내국법인의 주식등 (2017. 12. 19. 개정)

2. 비율: 100분의 10. 다만, 다음 각 목의 어느 하나에 해당하는 경우에는 다음 각

목의 구분에 따른 비율 (2020. 12. 22. 개정)

가. 다음의 요건을 모두 갖춘 공익법인등(나목 또는 다목에 해당하는 공익법인등은 제외한다)에 출연하는 경우: 100분의 20 (2020. 12. 22. 개정)

1) 출연받은 주식등의 의결권을 행사하지 아니할 것 (2020. 12. 22. 개정)

2) 자선·장학 또는 사회복지를 목적으로 할 것 (2020. 12. 22. 개정)

나. 「독점규제 및 공정거래에 관한 법률」 제31조에 따른 상호출자제한기업집단(이하 "상호출자제한기업집단"이라 한다)과 특수관계에 있는 공익법인등: 100분의 5 (2020. 12. 29. 개정 ; 독점규제 및 공정거래에 관한 법률 부칙)

다. 제48조 제11항 각 호의 요건을 충족하지 못하는 공익법인등: 100분의 5 (2020. 12. 22. 개정)

③ 제2항에도 불구하고 다음 각 호의 어느 하나에 해당하는 경우에는 그 내국법인의 발행주식총수등의 같은 항 제2호에 따른 비율을 초과하는 경우에도 그 초과하는 가액을 상속세 과세가액에 산입하지 아니한다. (2020. 12. 22. 개정)

1. 제49조 제1항 각 호 외의 부분 단서에 해당하는 공익법인등으로서 상호출자제한기업집단과 특수관계에 있지 아니한 공익법인등에 그 공익법인등의 출연자와 특수관계에 있지 아니한 내국법인의 주식등을 출연하는 경우로서 주무관청이 공익법인등의 목적사업을 효율적으로 수행하기 위하여 필요하다고 인정하는 경우 (2016. 12. 20. 개정)

2. 상호출자제한기업집단과 특수관계에 있지 아니한 공익법인등으로서 제48조 제11항 각 호의 요건을 충족하는 공익법인등(공익법인등이 설립된 날부터 3개월 이내에 주식등을 출연받고, 설립된 사업연도가 끝난 날부터 2년 이내에 해당 요건을 충족하는 경우를 포함한다)에 발행주식총수등의 제2항 제2호 각 목에 따른 비율을 초과하여 출연하는 경우로서 해당 공익법인등이 초과보유일부터 3년 이내에 초과하여 출연받은 부분을 매각(주식등의 출연자 또는 그의 특수관계인에게 매각하는 경우는 제외한다)하는 경우 (2020. 12. 22. 개정)

3. 「공익법인의 설립·운영에 관한 법률」 및 그 밖의 법령에 따라 내국법인의 주식등을 출연하는 경우 (2016. 12. 20. 개정)

④ 제1항부터 제3항까지의 규정에 따라 공익법인등에 출연한 재산의 가액을 상속세 과세가액에 산입하지 아니한 경우로서 다음 각 호의 어느 하나에 해당하는 경

우에는 대통령령으로 정하는 가액을 상속세 과세가액에 산입한다. (2016. 12. 20. 신설)

1. 상속세 과세가액에 산입하지 아니한 재산과 그 재산에서 생기는 이익의 전부 또는 일부가 상속인(상속인의 특수관계인을 포함한다)에게 귀속되는 경우 (2016. 12. 20. 신설)

2. 제3항 제2호에 해당하는 경우로서 초과보유일부터 3년 이내에 발행주식총수등의 제2항 제2호 각 목에 따른 비율을 초과하여 출연받은 주식등을 매각(주식등의 출연자 또는 그의 특수관계인에게 매각하는 경우는 제외한다)하지 아니하는 경우 (2017. 12. 19. 개정)

⑤ 제1항부터 제4항까지의 규정에 따른 상속재산의 출연방법, 발행주식총수등의 범위, 발행주식총수등의 제2항 제2호에 따른 비율을 초과하는 가액의 계산방법, 상호출자제한기업집단과 특수관계에 있지 아니한 공익법인등의 범위, 해당 공익법인등의 출연자와 특수관계에 있지 아니한 내국법인의 범위, 제2항 제2호 가목의 요건을 갖춘 공익법인등의 범위 및 그 밖에 필요한 사항은 대통령령으로 정한다. (2020. 12. 22. 개정)

▶ **상증세법시행령 제12조 【공익법인등의 범위】**

법 제16조 제1항에서 "대통령령으로 정하는 사업을 하는 자"란 다음 각 호의 어느 하나에 해당하는 사업을 하는 자(이하 "공익법인등"이라 한다)를 말한다. 다만, 제9호를 적용할 때 설립일부터 1년 이내에 「법인세법 시행령」 제39조 제1항 제1호 바목에 따른 공익법인등으로 고시된 경우에는 그 설립일부터 공익법인등에 해당하는 것으로 본다. (2021. 2. 17. 단서개정)

1. 종교의 보급 기타 교화에 현저히 기여하는 사업 (1996. 12. 31. 개정)

2. 「초·중등교육법」 및 「고등교육법」에 의한 학교, 「유아교육법」에 따른 유치원을 설립·경영하는 사업 (2008. 2. 22. 개정)

3. 「사회복지사업법」의 규정에 의한 사회복지법인이 운영하는 사업 (2005. 8. 5. 개정)

4. 「의료법」에 따른 의료법인이 운영하는 사업 (2017. 5. 29. 개정 ; 정신보건법 시행령 부칙)

5. (삭제, 2018. 2. 13.)

6. (삭제, 2018. 2. 13.)

7. (삭제, 2018. 2. 13.)

8. 「법인세법」 제24조 제2항 제1호에 해당하는 기부금을 받는 자가 해당 기부금으로 운영하는 사업 (2021. 2. 17. 개정)

9. 「법인세법 시행령」 제39조 제1항 제1호 각 목에 따른 공익법인등 및 「소득세법 시행령」 제80조 제1항 제5호에 따른 공익단체가 운영하는 고유목적사업. 다만, 회원의 친목 또는 이익을 증진시키거나 영리를 목적으로 대가를 수수하는 등 공익성이 있다고 보기 어려운 고유목적사업은 제외한다. (2021. 2. 17. 개정)

10. 「법인세법 시행령」 제39조 제1항 제2호 다목에 해당하는 기부금을 받는 자가 해당 기부금으로 운영하는 사업. 다만, 회원의 친목 또는 이익을 증진시키거나 영리를 목적으로 대가를 수수하는 등 공익성이 있다고 보기 어려운 고유목적사업은 제외한다. (2019. 2. 12. 개정)

11. (삭제, 2018. 2. 13.)

▶ **상증세법시행령 제13조 【공익법인등 출연재산에 대한 출연방법 등】**
(2016. 2. 5. 제목개정)

① 법 제16조 제1항에서 "법령상 또는 행정상의 사유로 공익법인등의 설립이 지연되는 등 대통령령으로 정하는 부득이한 사유"란 다음 각 호의 어느 하나에 해당하는 경우를 말한다. (2017. 2. 7. 개정)

1. 재산의 출연에 있어서 법령상 또는 행정상의 사유로 출연재산의 소유권의 이전이 지연되는 경우 (1996. 12. 31. 개정)

2. 상속받은 재산을 출연하여 공익법인 등을 설립하는 경우로서 법령상 또는 행정상의 사유로 공익법인 등의 설립허가 등이 지연되는 경우 (1996. 12. 31. 개정)

② 법 제16조 제1항에 따라 공익법인등에 출연한 재산의 가액을 상속세 과세가액에 산입하지 않으려면 다음 각 호의 요건을 모두 갖춰야 한다. (2021. 2. 17. 개정)

1. 상속인의 의사(상속인이 2명 이상인 경우에는 상속인들의 합의에 의한 의사로 한다)에 따라 상속받은 재산을 법 제16조 제1항에 따른 기한까지 출연할 것 (2021. 2. 17. 개정)

2. 상속인이 제1호에 따라 출연된 공익법인등의 이사 현원(5명에 미달하는 경우에는 5명으로 본다)의 5분의 1을 초과하여 이사가 되지 아니하여야 하며, 이사의 선임 등

공익법인등의 사업운영에 관한 중요사항을 결정할 권한을 가지지 아니할 것 (2013. 2. 15. 개정)

③ 법 제16조 제2항 제2호 가목 1)에 따른 출연받은 주식등의 의결권을 행사하지 아니하는지 여부는 공익법인등의 정관에 출연받은 주식의 의결권을 행사하지 아니할 것을 규정하였는지를 기준으로 판단한다. (2021. 2. 17. 항번개정)

④ 법 제16조 제2항 제2호 가목 2)에 따른 자선·장학 또는 사회복지를 목적으로 하는지 여부는 해당 공익법인등이 다음 각 호의 어느 하나에 해당하는지를 기준으로 판단한다. (2021. 2. 17. 항번개정)

1. 「사회복지사업법」 제2조 제3호에 따른 사회복지법인 (2018. 2. 13. 신설)

2. 직전 3개 소득세 과세기간 또는 법인세 사업연도에 직접 공익목적사업에 지출한 금액의 평균액의 100분의 80 이상을 자선·장학 또는 사회복지 활동에 지출한 공익법인등 (2018. 2. 13. 신설)

⑤ 법 제16조 제2항 제2호 나목에서 "「독점규제 및 공정거래에 관한 법률」 제31조에 따른 상호출자제한기업집단과 특수관계에 있는 공익법인등"이란 같은 조 제1항에 따라 지정된 상호출자제한기업집단(이하 "상호출자제한기업집단"이라 한다)에 속하는 법인과 같은 법 시행령 제3조 제1호 각 목 외의 부분에 따른 동일인관련자의 관계에 있는 공익법인등을 말한다. (2021. 12. 28. 개정 ; 독점규제 및 공정거래에 관한 법률 시행령 부칙)

⑥ 법 제16조 제3항 제1호 및 제2호에서 "상호출자제한기업집단과 특수관계에 있지 아니한 공익법인등"이란 각각 상호출자제한기업집단에 속하는 법인과 「독점규제 및 공정거래에 관한 법률 시행령」 제4조 제1호에 따른 동일인관련자의 관계에 있지 않은 공익법인등을 말한다. (2021. 12. 28. 개정 ; 독점규제 및 공정거래에 관한 법률 시행령 부칙)

⑦ 법 제16조 제3항 제1호에서 "그 공익법인등의 출연자와 특수관계에 있지 아니한 내국법인"이란 다음 각 호의 어느 하나에 해당하지 않는 내국법인을 말한다. (2021. 2. 17. 개정)

1. 출연자(출연자가 사망한 경우에는 그 상속인을 말한다. 이하 이 조, 제37조 제2항 및 제38조 제10항에서 같다) 또는 그의 특수관계인(해당 공익법인등은 제외한다)이 주주 또는 출자자(이하 "주주등"이라 한다)이거나 임원의 현원(5명에 미달하는 경우에는 5명으로 본다. 이하 이

항에서 같다) 중 5분의 1을 초과하는 내국법인으로서 출연자 및 그의 특수관계인이 보유하고 있는 주식 및 출자지분(이하 "주식등"이라 한다)의 합계가 가장 많은 내국법인 (2017. 2. 7. 개정)

2. 출연자 또는 그의 특수관계인(해당 공익법인등은 제외한다)이 주주등이거나 임원의 현원 중 5분의 1을 초과하는 내국법인에 대하여 출연자, 그의 특수관계인 및 공익법인등출자법인[해당 공익법인등이 발행주식총수등의 100분의 5(법 제48조 제11항 각 호의 요건을 모두 충족하는 공익법인등인 경우에는 100분의 10)를 초과하여 주식등을 보유하고 있는 내국법인을 말한다. 이하 이 호에서 같다]이 보유하고 있는 주식등의 합계가 가장 많은 경우에는 해당 공익법인등출자법인(출연자 및 그의 특수관계인이 보유하고 있는 주식등의 합계가 가장 많은 경우로 한정한다) (2021. 2. 17. 개정)

⑧ 법 제16조 제4항 각 호 외의 부분에서 "대통령령으로 정하는 가액"이란 다음 각 호의 구분에 따른 재산의 가액 또는 이익에 대하여 상속개시일 현재 법 제4장의 규정에 따라 평가한 가액을 말한다. (2021. 2. 17. 항번개정)

1. 법 제16조 제4항 제1호의 경우: 상속인(상속인의 특수관계인을 포함한다)에게 귀속되는 재산의 가액 또는 이익 (2017. 2. 7. 신설)

2. 법 제16조 제4항 제2호의 경우: 발행주식총수등의 100분의 10을 초과하여 출연받은 주식등의 가액 (2017. 2. 7. 신설)

⑨ 이 조를 적용함에 있어 주무관청 또는 주무부장관을 알 수 없는 경우에는 관할세무서장을 주무관청 또는 주무부장관으로 본다. (2021. 2. 17. 항번개정)

▶ 상증세법 제48조 【공익법인등이 출연받은 재산에 대한 과세가액 불산입등】

① 공익법인등이 출연받은 재산의 가액은 증여세 과세가액에 산입하지 아니한다. 다만, 공익법인등이 내국법인의 의결권 있는 주식 또는 출자지분(이하 이 조에서 "주식등"이라 한다)을 출연받은 경우로서 출연받은 주식등과 다음 각 호의 주식등을 합한 것이 그 내국법인의 의결권 있는 발행주식총수 또는 출자총액(자기주식과 자기출자지분은 제외한다. 이하 이 조에서 "발행주식총수등"이라 한다)의 제16조 제2항 제2호에 따른 비율을 초과하는 경우(제16조 제3항 각 호에 해당하는 경우는 제외한다)에는 그 초과하는 가액을 증여세 과세가액에 산입한다. (2017. 12. 19. 단서개정)

1. 출연자가 출연할 당시 해당 공익법인등이 보유하고 있는 동일한 내국법인의 주

식등 (2010. 1. 1. 개정)

2. 출연자 및 그의 특수관계인이 해당 공익법인등 외의 다른 공익법인등에 출연한 동일한 내국법인의 주식등 (2015. 12. 15. 개정)

3. 출연자 및 그의 특수관계인으로부터 재산을 출연받은 다른 공익법인등이 보유하고 있는 동일한 내국법인의 주식등 (2016. 12. 20. 신설)

② 세무서장등은 제1항 및 제16조 제1항에 따라 재산을 출연받은 공익법인등이 다음 제1호부터 제4호까지, 제6호 및 제8호의 어느 하나에 해당하는 경우에는 그 사유가 발생한 날에 대통령령으로 정하는 가액을 공익법인등이 증여받은 것으로 보아 즉시 증여세를 부과하고, 제5호 및 제7호에 해당하는 경우에는 제78조 제9항에 따른 가산세를 부과한다. 다만, 불특정 다수인으로부터 출연받은 재산 중 출연자별로 출연받은 재산가액을 산정하기 어려운 재산으로서 대통령령으로 정하는 재산은 제외한다. (2019. 12. 31. 개정)

1. 출연받은 재산을 직접 공익목적사업 등(직접 공익목적사업에 충당하기 위하여 수익용 또는 수익사업용으로 운용하는 경우를 포함한다. 이하 이 호에서 같다)의 용도 외에 사용하거나 출연받은 날부터 3년 이내에 직접 공익목적사업 등에 사용하지 아니하거나 3년 이후 직접 공익목적사업 등에 계속하여 사용하지 아니하는 경우. 다만, 직접 공익목적사업 등에 사용하는 데에 장기간이 걸리는 등 대통령령으로 정하는 부득이한 사유가 있는 경우로서 제5항에 따른 보고서를 제출할 때 납세지 관할세무서장에게 그 사실을 보고하고, 그 사유가 없어진 날부터 1년 이내에 해당 재산을 직접 공익목적사업 등에 사용하는 경우는 제외한다. (2020. 12. 22. 개정)

2. 출연받은 재산(그 재산을 수익용 또는 수익사업용으로 운용하는 경우 및 그 운용소득이 있는 경우를 포함한다. 이하 이 호 및 제3항에서 같다) 및 출연받은 재산의 매각대금(매각대금에 의하여 증가한 재산을 포함하며 대통령령으로 정하는 공과금 등에 지출한 금액은 제외한다. 이하 이 조에서 같다)을 내국법인의 주식등을 취득하는 데 사용하는 경우로서 그 취득하는 주식등과 다음 각 목의 주식등을 합한 것이 그 내국법인의 의결권 있는 발행주식총수등의 제16조 제2항 제2호에 따른 비율을 초과하는 경우. 다만, 제16조 제3항 제1호 또는 제3호에 해당하는 경우(이 경우 "출연"은 "취득"으로 본다)와 「산업교육진흥 및 산학연협력촉진에 관한 법률」에 따른 산학협력단이 주식등을 취득하는 경우로서 대통령령으로 정하는 요건을 갖춘 경우는 제외한다. (2018. 12. 31. 개정)

가. 취득 당시 해당 공익법인등이 보유하고 있는 동일한 내국법인의 주식등 (2010. 1. 1. 개정)

나. 해당 내국법인과 특수관계에 있는 출연자가 해당 공익법인등 외의 다른 공익법인등에 출연한 동일한 내국법인의 주식등 (2010. 1. 1. 개정)

다. 해당 내국법인과 특수관계에 있는 출연자로부터 재산을 출연받은 다른 공익법인등이 보유하고 있는 동일한 내국법인의 주식등 (2016. 12. 20. 신설)

3. 출연받은 재산을 수익용 또는 수익사업용으로 운용하는 경우로서 그 운용소득을 직접 공익목적사업 외에 사용한 경우 (2010. 1. 1. 개정)

4. 출연받은 재산을 매각하고 그 매각대금을 매각한 날부터 3년이 지난 날까지 대통령령으로 정하는 바에 따라 사용하지 아니한 경우 (2016. 12. 20. 개정)

5. 제3호에 따른 운용소득을 대통령령으로 정하는 기준금액에 미달하게 사용하거나 제4호에 따른 매각대금을 매각한 날부터 3년 동안 대통령령으로 정하는 기준금액에 미달하게 사용한 경우 (2010. 1. 1. 개정)

6. 제16조 제2항 제2호 가목에 따른 요건을 모두 충족하는 공익법인등(같은 호 나목 및 다목에 해당하는 공익법인등은 제외한다)이 같은 목 1)을 위반하여 출연받은 주식등의 의결권을 행사한 경우 (2020. 12. 22. 개정)

7. 공익법인등(자산 규모, 사업의 특성 등을 고려하여 대통령령으로 정하는 공익법인등은 제외한다)이 대통령령으로 정하는 출연재산가액에 100분의 1(제16조 제2항 제2호 가목에 해당하는 공익법인등이 발행주식총수등의 100분의 10을 초과하여 보유하고 있는 경우에는 100분의 3)을 곱하여 계산한 금액에 상당하는 금액(이하 제78조 제9항 제3호에서 "기준금액"이라 한다)에 미달하여 직접 공익목적사업(「소득세법」에 따라 소득세 과세대상이 되거나 「법인세법」에 따라 법인세 과세대상이 되는 사업은 제외한다)에 사용한 경우 (2020. 12. 22. 개정)

8. 그 밖에 출연받은 재산 및 직접 공익목적사업을 대통령령으로 정하는 바에 따라 운용하지 아니하는 경우 (2017. 12. 19. 호번개정)

③ 제1항에 따라 공익법인등이 출연받은 재산, 출연받은 재산을 원본으로 취득한 재산, 출연받은 재산의 매각대금 등을 다음 각 호의 어느 하나에 해당하는 자에게 임대차, 소비대차(消費貸借) 및 사용대차(使用貸借) 등의 방법으로 사용·수익하게 하는 경우에는 대통령령으로 정하는 가액을 공익법인등이 증여받은 것으로 보아 즉시 증여세를 부과한다. 다만, 공익법인등이 직접 공익목적사업과 관련하여 용역을

제공받고 정상적인 대가를 지급하는 등 대통령령으로 정하는 경우에는 그러하지 아니하다. (2018. 12. 31. 개정)

1. 출연자 및 그 친족 (2010. 1. 1. 개정)

2. 출연자가 출연한 다른 공익법인등 (2010. 1. 1. 개정)

3. 제1호 또는 제2호에 해당하는 자와 대통령령으로 정하는 특수관계에 있는 자 (2011. 12. 31. 개정)

④ (제14항으로 2020. 12. 22. 항번개정)

⑤ 제1항 및 제16조 제1항에 따라 공익법인등이 재산을 출연받은 경우에는 그 출연받은 재산의 사용계획 및 진도에 관한 보고서를 대통령령으로 정하는 바에 따라 납세지 관할세무서장에게 제출하여야 한다. (2010. 1. 1. 개정)

⑥ 세무서장은 공익법인등에 대하여 상속세나 증여세를 부과할 때에는 그 공익법인등의 주무관청에 그 사실을 통보하여야 한다. (2010. 1. 1. 개정)

⑦ 공익법인등의 주무관청은 공익법인등에 대하여 설립허가, 설립허가의 취소 또는 시정명령을 하거나 감독을 한 결과 공익법인등이 제1항 단서, 제2항 및 제3항에 해당하는 사실을 발견한 경우에는 대통령령으로 정하는 바에 따라 그 공익법인등의 납세지 관할세무서장에게 그 사실을 통보하여야 한다. (2010. 1. 1. 개정)

⑧ 출연자 또는 그의 특수관계인이 대통령령으로 정하는 공익법인등의 현재 이사 수(현재 이사 수가 5명 미만인 경우에는 5명으로 본다)의 5분의 1을 초과하여 이사가 되거나, 그 공익법인등의 임직원(이사는 제외한다. 이하 같다)이 되는 경우에는 제78조 제6항에 따른 가산세를 부과한다. 다만, 사망 등 대통령령으로 정하는 부득이한 사유로 출연자 또는 그의 특수관계인이 공익법인등의 현재 이사 수의 5분의 1을 초과하여 이사가 된 경우로서 해당 사유가 발생한 날부터 2개월 이내에 이사를 보충하거나 개임(改任)하는 경우에는 제78조 제6항에 따른 가산세를 부과하지 아니한다. (2015. 12. 15. 단서신설)

⑨ 공익법인등(국가나 지방자치단체가 설립한 공익법인등 및 이에 준하는 것으로서 대통령령으로 정하는 공익법인등과 제11항 각 호의 요건을 충족하는 공익법인등은 제외한다)이 대통령령으로 정하는 특수관계에 있는 내국법인의 주식등을 보유하는 경우로서 그 내국법인의 주식등의 가액이 해당 공익법인등의 총 재산가액의 100분의 30(제50조 제3항에 따른 회계감사, 제50조의 2에 따른 전용계좌 개설·사용 및 제50조의 3에 따른 결산서류등의 공시를 이행

하는 공익법인등에 해당하는 경우에는 100분의 50)을 초과하는 경우에는 제78조 제7항에 따른 가산세를 부과한다. 이 경우 그 초과하는 내국법인의 주식등의 가액 산정에 관하여는 대통령령으로 정한다. (2020. 12. 22. 개정)

⑩ 공익법인등이 특수관계에 있는 내국법인의 이익을 증가시키기 위하여 정당한 대가를 받지 아니하고 광고·홍보를 하는 경우에는 제78조 제8항에 따른 가산세를 부과한다. 이 경우 특수관계에 있는 내국법인의 범위, 광고·홍보의 방법, 그 밖에 필요한 사항은 대통령령으로 정한다. (2010. 1. 1. 개정)

⑪ 공익법인등이 내국법인의 발행주식총수등의 100분의 5를 초과하여 주식등을 출연(출연받은 재산 및 출연받은 재산의 매각대금으로 주식등을 취득하는 경우를 포함한다)받은 후 다음 각 호의 어느 하나에 해당하는 요건을 충족하지 아니하게 된 경우에는 제16조 제2항 또는 제48조 제1항에 따라 상속세 과세가액 또는 증여세 과세가액에 산입하거나 같은 조 제2항에 따라 즉시 증여세를 부과한다. (2020. 12. 22. 개정)

1. 제2항 제3호에 따른 운용소득에 대통령령으로 정하는 비율을 곱하여 계산한 금액 이상을 직접 공익목적사업에 사용할 것 (2020. 12. 22. 개정)

2. 제2항 제7호에 따른 출연재산가액에 대통령령으로 정하는 비율을 곱하여 계산한 금액 이상을 직접 공익목적사업에 사용할 것 (2020. 12. 22. 개정)

3. 그 밖에 공익법인등의 이사의 구성 등 대통령령으로 정하는 요건을 충족할 것 (2020. 12. 22. 개정)

⑫ 제16조 제3항 각 호의 어느 하나 또는 제48조 제2항 제2호 단서에 해당하는 공익법인등이 제49조 제1항 각 호 외의 부분 단서에 따른 공익법인등에 해당하지 아니하게 되거나 해당 출연자와 특수관계에 있는 내국법인의 주식등을 해당 법인의 발행주식총수등의 100분의 5를 초과하여 보유하게 된 경우에는 제16조 제2항 또는 제48조 제1항에 따라 상속세 과세가액 또는 증여세 과세가액에 산입하거나 같은 조 제2항에 따라 즉시 증여세를 부과한다. (2020. 12. 22. 신설)

⑬ 제16조 제2항에 따라 내국법인의 발행주식총수등의 100분의 5를 초과하여 주식등을 출연받은 자 등 대통령령으로 정하는 공익법인등은 과세기간 또는 사업연도의 의무이행 여부 등에 관한 사항을 대통령령으로 정하는 바에 따라 납세지 관할 지방국세청장에게 신고하여야 한다.(2020. 12. 22. 신설)

⑭ 직접 공익목적사업에의 사용 여부 판정기준, 수익용 또는 수익사업용의 판정기

준, 발행주식총수등의 제16조 제2항 제2호에 따른 비율을 초과하는 가액의 계산 방법, 해당 내국법인과 특수관계에 있는 출연자의 범위, 상속세·증여세 과세가액 산입 또는 즉시 증여세 부과에 관한 구체적 사항 및 공익법인등의 의무이행 여부 신고에 관한 사항 및 그 밖에 필요한 사항은 대통령령으로 정한다. (2020. 12. 22. 개정)

▶ **상증세법시행령 제38조 【공익법인 등이 출연받은 재산의 사후관리】**

① 법 제48조 제2항 각 호 외의 부분 단서에서 "대통령령으로 정하는 재산"이란 제12조 제1호에 따른 종교사업에 출연하는 헌금(부동산 및 주식등으로 출연하는 경우를 제외한다)을 말한다. (2015. 2. 3. 개정)

② 법 제48조 제2항 제1호·제7호, 같은 조 제11항 제1호 및 제2호에서 직접 공익목적사업에 사용하는 것은 공익법인 등의 정관상 고유목적사업에 사용(다음 각 호의 어느 하나에 해당하는 경우는 제외한다)하는 것으로 한다. 다만, 출연받은 재산을 해당 직접 공익목적사업에 효율적으로 사용하기 위하여 주무관청의 허가를 받아 다른 공익법인등에게 출연하는 것을 포함한다. (2021. 2. 17. 개정)

1.「법인세법 시행령」제56조 제11항에 따라 고유목적에 지출한 것으로 보지 아니하는 금액 (2012. 2. 2. 신설)

2. 해당 공익법인등의 정관상 고유목적사업에 직접 사용하는 시설에 소요되는 수선비, 전기료 및 전화사용료 등의 관리비를 제외한 관리비 (2013. 2. 15. 개정)

③ 법 제48조 제2항 제1호 단서에서 "직접 공익목적사업 등에 사용하는 데에 장기간이 걸리는 등 대통령령으로 정하는 부득이한 사유"란 다음 각 호의 어느 하나에 해당하는 사유로 출연 받은 재산을 3년 이내에 직접 공익목적사업 등에 전부 사용하거나 3년 이후 직접 공익목적사업 등에 계속하여 사용하는 것이 곤란한 경우를 말한다. (2021. 2. 17. 개정)

1. 법령상 또는 행정상의 부득이한 사유 등으로 사용이 곤란한 경우로서 주무부장관(권한을 위임받은 자를 포함한다)이 인정한 경우 (2021. 2. 17. 개정)

2. 해당 공익목적사업 등의 인가·허가 등과 관련한 소송 등으로 사용이 곤란한 경우 (2021. 2. 17. 개정)

④ 법 제48조 제2항 제4호에서 "대통령령으로 정하는 바에 따라 사용하지 아니한

경우"란 매각한 날이 속하는 과세기간 또는 사업연도의 종료일부터 3년 이내에 매각대금 중 직접 공익목적사업에 사용한 실적(매각대금으로 직접 공익목적사업용, 수익용 또는 수익사업용 재산을 취득한 경우를 포함하며, 「독점규제 및 공정거래에 관한 법률」 제31조에 따른 공시대상기업집단에 속하는 법인과 같은 법 시행령 제4조 제1호에 따른 동일인 관련자의 관계에 있는 공익법인등이 매각대금으로 해당 기업집단에 속하는 법인의 의결권 있는 주식등을 취득한 경우는 제외한다. 이하 이 항 및 제7항에서 같다)이 매각대금의 100분의 90에 미달하는 경우를 말한다. 이 경우 해당 매각대금 중 직접 공익목적사업용, 수익용 또는 수익사업용 재산(공익목적사업용, 수익용 또는 수익사업용 재산을 취득하기 전에 일시 취득한 재산을 제외한다. 이하 이 항 및 제7항에서 같다)을 취득한 가액이 매각대금의 사용기준에 상당하는 금액에 미달하는 경우에는 그 차액에 대하여 이를 적용한다. (2021. 12. 28. 개정 ; 독점규제 및 공정거래에 관한 법률 시행령 부칙)

⑤ 법 제48조 제2항 제5호에서 운용소득과 관련된 "대통령령으로 정하는 기준금액"이란 제1호에 따라 계산한 금액에서 제2호의 금액을 뺀 금액(이하 이 항에서 "운용소득"이라 한다)의 100분의 80에 상당하는 금액(이하 이 항에서 "사용기준금액"이라 한다)을 말한다. 이 경우 직전 과세기간 또는 사업연도에서 발생한 운용소득을 사용기준금액에 미달하게 사용한 경우에는 그 미달하게 사용한 금액(법 제78조 제9항에 따른 가산세를 뺀 금액을 말한다)을 운용소득에 가산한다. (2021. 2. 17. 개정)

1. 해당 과세기간 또는 사업연도의 수익사업에서 발생한 소득금액(「법인세법」 제29조 제1항 각 호 외의 부분에 따른 고유목적사업준비금과 해당 과세기간 또는 사업연도 중 고유목적사업비로 지출된 금액으로서 손금에 산입된 금액을 포함하며, 다음 각 목의 어느 하나에 해당하는 금액은 제외한다)과 출연재산을 수익의 원천에 사용함으로써 생긴 소득금액의 합계액 (2021. 2. 17. 개정)

가. 출연재산과 관련이 없는 수익사업에서 발생한 소득금액 (2021. 2. 17. 신설)

나. 법 제48조 제2항 제4호에 따른 출연재산 매각금액 (2021. 2. 17. 신설)

다. 「법인세법」 제16조 제1항 제5호 또는 「소득세법」 제17조 제2항 제4호에 해당하는 금액(합병대가 중 주식등으로 받은 부분으로 한정한다)으로서 해당 과세기간 또는 사업연도의 소득금액에 포함된 금액 (2021. 2. 17. 신설)

라. 「법인세법」 제16조 제1항 제6호 또는 「소득세법」 제17조 제2항 제6호에 해당하는 금액(분할대가 중 주식으로 받은 부분으로 한정한다)으로서 해당 과세기간 또는 사업

연도의 소득금액에 포함된 금액 (2021. 2. 17. 신설)

2. 해당 소득에 대한 법인세 또는 소득세·농어촌특별세·주민세 및 이월결손금 (2013. 2. 15. 개정)

⑥ 법 제48조 제2항 제5호에 따른 운용소득의 사용은 그 소득이 발생한 과세기간 또는 사업연도 종료일부터 1년 이내에 직접 공익목적사업에 사용한 실적(제5항 제1호에 따라 해당 과세기간 또는 사업연도 중 고유목적사업비로 지출된 금액으로서 손금에 산입된 금액을 포함한다)을 말한다. 이 경우 그 실적 및 기준금액은 각각 해당 과세기간 또는 사업연도와 직전 4과세기간 또는 사업연도와의 5년간의 평균금액을 기준으로 계산할 수 있으며 사업개시 후 5년이 경과되지 아니한 경우에는 사업개시 후 5년이 경과한 때부터 이를 계산한다. (2010. 2. 18. 개정)

⑦ 법 제48조 제2항 제5호에서 "매각대금을 매각한 날부터 3년 동안 대통령령으로 정하는 기준금액에 미달하게 사용한 경우"란 매각대금 중 직접 공익목적사업에 사용한 실적이 매각한 날이 속하는 과세기간 또는 사업연도 종료일부터 1년 이내에 매각대금의 100분의 30, 2년 이내에 매각대금의 100분의 60에 미달하게 사용한 경우를 말한다. 이 경우 해당 매각대금 중 직접 공익목적사업용 또는 수익사업용 재산을 취득한 가액이 매 연도별 매각대금의 사용기준에 상당하는 금액에 미달하는 경우에는 그 차액에 대하여 이를 적용한다. (2010. 2. 18. 개정)

⑧ 법 제48조 제2항 제8호에서 "대통령령으로 정하는 바에 따라 운용하지 아니하는 경우"란 다음 각 호의 어느 하나에 해당하는 경우를 말한다. (2018. 2. 13. 개정)

1. 공익법인등이 사업을 종료한 때의 잔여재산을 국가·지방자치단체 또는 해당 공익법인 등과 동일하거나 주무부장관이 유사한 것으로 인정하는 공익법인 등에 귀속시키지 아니한 때 (2019. 2. 12. 개정)

2. 직접 공익목적사업에 사용하는 것이 사회적 지위·직업·근무처 및 출생지 등에 의하여 일부에게만 혜택을 제공하는 것인 때. 다만, 주무부장관이 기획재정부장관과 협의(「행정권한의 위임 및 위탁에 관한 규정」 제3조 제1항에 따라 공익법인 등의 설립허가 등에 관한 권한이 위임된 경우에는 해당 권한을 위임받은 기관과 해당 공익법인 등의 관할세무서장의 협의를 말한다)하여 따로 수혜자의 범위를 정하여 이를 다음 각 목의 어느 하나에 해당하는 조건으로 한 경우를 제외한다. (2013. 2. 15. 단서개정)

가. 해당 공익법인 등의 설립허가의 조건으로 붙인 경우 (2013. 2. 15. 개정)

나. 정관상의 목적사업을 효율적으로 수행하기 위하여 또는 정관상의 목적사업에 새로운 사업을 추가하기 위하여 재산을 추가 출연함에 따라 정관의 변경허가를 받는 경우로서 그 변경허가조건으로 붙인 경우 (1998. 12. 31. 개정)

⑨ 법 제48조 제2항 제1호, 제3호부터 제5호까지, 제7호 및 제8호를 적용할 때 출연받은 재산·운용소득·출연받은 재산의 매각대금 및 제8항 제1호에 따른 잔여재산(이하 이 항에서 "출연받은재산 등"이라 한다) 중 일부가 다음 각 호의 어느 하나에 해당하는 사유로 인하여 직접 공익목적사업에 사용할 수 없거나 제8항 제1호에 따른 국가·지방자치단체 및 공익법인 등에 귀속시킬 수 없는 경우에는 해당 금액을 출연받은 재산 등의 가액에서 뺀 금액을 기준으로 한다. (2018. 2. 13. 개정)

1. 공익법인 등의 이사 또는 사용인의 불법행위로 인하여 출연받은 재산등이 감소된 경우. 다만, 출연자 및 그 출연자와 제2조의 2 제1항 제1호의 관계에 있는 자의 불법행위로 인한 경우를 제외한다. (2016. 2. 5. 단서개정)

2. 출연받은 재산 등을 분실하거나 도난당한 경우 (2003. 12. 30. 신설)

⑩ 법 제48조 제8항에서 "출연자"란 재산출연일 현재 해당 공익법인등의 총출연재산가액의 100분의 1에 상당하는 금액과 2천만원 중 적은 금액을 초과하여 출연한 자를 말한다. (2012. 2. 2. 개정)

⑪ 법 제48조 제8항에서 "대통령령으로 정하는 공익법인등"이란 다음 각 호의 법인(제12조 제4호에 해당하는 공익법인을 제외한다)을 말한다. (2012. 2. 2. 후단삭제)

1. 출연자와 제2조의 2 제1항 제3호의 관계에 있는 자가 이사의 과반수를 차지하거나 재산을 출연하여 설립한 비영리법인 (2016. 2. 5. 개정)

2. 출연자와 제2조의 2 제1항 제4호의 관계에 있는 자가 재산을 출연하여 설립한 비영리법인 (2016. 2. 5. 개정)

3. 출연자와 제2조의 2 제1항 제5호 또는 제8호의 관계에 있는 비영리법인 (2016. 2. 5. 개정)

⑫ 법 제48조 제8항 단서에서 "사망 등 대통령령으로 정하는 부득이한 사유"란 다음 각 호의 어느 하나에 해당하는 사유를 말한다. (2016. 2. 5. 신설)

1. 이사의 사망 또는 사임 (2016. 2. 5. 신설)

2. 특수관계인에 해당하지 아니하던 이사가 특수관계인에 해당하는 경우 (2016. 2. 5. 신설)

⑬ 법 제48조 제9항 본문 및 제10항 본문에서 "특수관계에 있는 내국법인"이란 다음 각 호의 어느 하나에 해당하는 자가 제1호에 해당하는 기업의 주식등을 출연하거나 보유한 경우의 해당 기업(해당 기업과 함께 제1호에 해당하는 자에 속하는 다른 기업을 포함한다)을 말한다. (2016. 2. 5. 항번개정)

1. 기획재정부령으로 정하는 기업집단의 소속 기업(해당 기업의 임원 및 퇴직임원을 포함한다)과 다음 각 목의 어느 하나에 해당하는 관계에 있는 자 또는 해당 기업의 임원에 대한 임면권의 행사 및 사업방침의 결정 등을 통하여 그 경영에 관하여 사실상의 영향력을 행사하고 있다고 인정되는 자 (2019. 2. 12. 개정)

가. 기업집단 소속의 다른 기업 (2012. 2. 2. 개정)

나. 기업집단을 사실상 지배하는 자 (2012. 2. 2. 개정)

다. 나목의 자와 제2조의 2 제1항 제1호의 관계에 있는 자 (2016. 2. 5. 개정)

2. 제1호 각 목 외의 부분에 따른 소속 기업 또는 같은 호 가목에 따른 기업의 임원 또는 퇴직임원이 이사장인 비영리법인 (2019. 2. 12. 개정)

3. 제1호 및 제2호에 해당하는 자가 이사의 과반수이거나 재산을 출연하여 설립한 비영리법인 (1999. 12. 31. 신설)

⑭ 법 제48조 제9항 후단에서 "그 초과하는 내국법인의 주식등의 가액"이란 각 사업연도 종료일 현재 제1호의 가액에서 제2호의 가액의 100분의 30(법 제50조 제3항에 따른 외부감사, 법 제50조의 2에 따른 전용계좌의 개설 및 사용과 법 제50조의 3에 따른 결산서류등의 공시를 이행하는 공익법인등에 해당하면 100분의 50)에 해당하는 금액을 차감하여 계산한 가액을 말한다. (2016. 2. 5. 항번개정)

1. 「법인세법 시행령」 제74조 제1항 제1호 마목의 규정에 의한 당해 내국법인의 주식등의 취득가액과 재무상태표상의 가액 중 적은 금액 (2022. 2. 15. 개정)

2. 공익법인등의 총재산(당해 내국법인의 주식등을 제외한다)에 대한 재무상태표상의 가액에 제1호의 가액을 가산한 가액 (2022. 2. 15. 개정)

⑮ 법 제48조 제10항에 따라 가산세를 부과하는 광고·홍보는 공익법인등이 다음 각 호의 어느 하나에 해당하는 행위를 하는 경우를 말한다. (2016. 2. 5. 항번개정)

1. 신문·잡지·텔레비전·라디오·인터넷 또는 전자광고판 등을 이용하여 내국법인을 위하여 홍보하거나 내국법인의 특정상품에 관한 정보를 제공하는 행위. 다만, 내국법인의 명칭만을 사용하는 홍보를 제외한다. (2004. 12. 31. 단서신설)

2. 팜플렛·입장권 등에 내국법인의 특정상품에 관한 정보를 제공하는 행위. 다만, 내국법인의 명칭만을 사용하는 홍보를 제외한다. (2004. 12. 31. 개정)

3. (삭제, 2004. 12. 31.)

⑯ 이 조를 적용함에 있어 주무부장관 또는 주무관청을 알 수 없는 경우에는 관할 세무서장을 주무부장관 또는 주무관청으로 본다. (2016. 2. 5. 항번개정)

⑰ 법 제48조 제2항 제2호 각 목 외의 부분 본문에서 "대통령령으로 정하는 공과금 등"이란 출연받은 재산의 매각에 따라 부담하는 국세 및 지방세를 말한다. (2017. 2. 7. 신설)

⑱ 법 제48조 제2항 제7호에서 "대통령령으로 정하는 공익법인등"이란 다음 각 호의 어느 하나에 해당하는 공익법인등을 말한다. (2020. 2. 11. 신설)

1. 제43조의 5 제1항 및 제2항에 따른 공익법인등 (2022. 2. 15. 개정)

2. 「법인세법 시행령」 제39조 제1항 제1호 바목에 따른 공익법인등 중 「공공기관의 운영에 관한 법률」 제4조에 따른 공공기관 또는 법률에 따라 직접 설립된 기관 (2021. 2. 17. 개정)

⑲ 법 제48조 제2항 제7호에서 "대통령령으로 정하는 출연재산가액"이란 직접 공익목적사업에 사용해야 할 과세기간 또는 사업연도의 직전 과세기간 또는 사업연도 종료일 현재 재무상태표 및 운영성과표를 기준으로 다음의 계산식에 따라 계산한 가액을 말한다. 다만, 공익법인등이 제41조의 2 제6항에 따른 공익법인등에 해당하거나 제43조 제3항에 따른 공익법인등에 해당하지 않는 경우로서 재무상태표상 자산가액이 법 제4장에 따라 평가한 가액의 100분의 70 이하인 경우에는 같은 장에 따라 평가한 가액을 기준으로 다음의 계산식에 따라 계산한 가액을 말한다. (2022. 2. 15. 개정)

수익용 또는 수익사업용으로 운용하는 재산(직접 공익목적사업용 재산은 제외한다)의
[총자산가액 - (부채가액 + 당기 순이익)]

* 총자산가액 중 해당 공익법인이 3년 이상 보유한 유가증권시장 또는 코스닥시장에 상장된 주권상장법인의 주식의 가액은 직전 3개 과세기간 또는 사업연도 종료일 현재 각 재무상태표 및 운영성과표를 기준으로 한 가액의 평균액으로 한다.

⑳ (삭제, 2021. 2. 17.)

▶ **상증세법시행령 제39조 【공익법인 등의 자기내부거래에 대한 증여세 과세】**

① 법 제48조 제3항 제3호에서 "대통령령으로 정하는 특수관계에 있는 자"란 다음 각 호의 어느 하나에 해당하는 관계에 있는 자를 말하며, 제2호부터 제5호까지의 규정에 따른 출연자에는 제2조의 2 제1항 제1호에 따른 관계가 있는 자를 포함한다. (2016. 2. 5. 개정)

1. 출연자가 「민법」 제32조에 따라 설립된 법인인 경우에는 그 법인에 대한 출연자 및 그 출연자와 제2조의 2 제1항 제1호의 관계에 있는 자 (2016. 2. 5. 개정)

2. 출연자가 제1호 외의 법인인 경우에는 해당 법인을 출자에 의하여 지배하고 있는 자 및 그와 제2조의 2 제1항 제1호의 관계에 있는 자 (2016. 2. 5. 개정)

3. 출연자의 사용인 (2002. 12. 30. 개정)

4. 출연자로부터 재산을 출연받은 다른 공익법인 등의 임원 (1996. 12. 31. 개정)

5. 출연자가 출자에 의하여 지배하고 있는 법인 (1996. 12. 31. 개정)

6. 제28조 제1항 제2호 및 제3호에 해당하는 관계에 있는 자 (2013. 2. 15. 개정)

② 법 제48조 제3항 각 호 외의 부분 단서에서 "공익법인등이 직접 공익목적사업과 관련하여 용역을 제공받고 정상적인 대가를 지급하는 등 대통령령으로 정하는 경우"란 다음 각 호의 어느 하나에 해당하는 경우를 말한다. (2010. 2. 18. 개정)

1. 출연받은 재산을 출연받은 날부터 3개월 이내에 법 제48조 제3항 각 호의 어느 하나에 해당하는 자가 사용하는 경우 (2013. 2. 15. 개정)

1의 2. 법 제48조 제3항 각 호의 어느 하나에 해당하는 자가 다음 각 목의 어느 하나에 해당하는 금액을 지급하고 공익법인등이 출연받은 부동산을 사용하는 경우 (2018. 2. 13. 신설)

가. 제32조 제3항에 따른 시가 (2018. 2. 13. 신설)

나. 「법인세법」 제52조 제2항에 따른 시가로서 같은 조 제1항에 따른 부당행위계산의 부인이 적용되지 아니하는 범위에 있는 금액 (2018. 2. 13. 신설)

2. 제12조 제2호에 따른 교육사업을 영위하는 교육기관이 기획재정부령이 정하는 연구시험용 건물 및 시설 등을 출연받아 이를 해당 공익법인 등과 출연자가 공동으로 사용하는 경우 (2019. 2. 12. 개정)

3. 해당 공익법인 등이 의뢰한 연구용역 등의 대가 또는 직접 공익목적사업의 수행과 관련한 경비 등을 지급하는 경우 (2013. 2. 15. 개정)

③ 법 제48조 제3항 각 호 외의 부분 본문에서 "대통령령으로 정하는 가액"이란 같은 항 각 호의 어느 하나에 해당하는 자에게 무상으로 사용·수익하게 한 경우에는 해당 출연재산가액을 말하며, 다음 각 호의 금액 중 적은 금액보다 낮은 대가로 사용·수익하게 한 경우에는 그 차액에 상당하는 출연재산가액을 말한다. (2018. 2. 13. 개정)

1. 제32조 제3항에 따른 시가 (2018. 2. 13. 신설)

2. 「법인세법」 제52조 제2항에 따른 시가 (2018. 2. 13. 신설)

참고 자료

참고 문헌

권진·이상우. 2020. "한국 푸드뱅크 모델의 전파 가능성에 대한 탐색: 몽골 푸드뱅크 사례를 중심으로". 『생명연구』. 55

기획재정부. 2018. 『공익법인회계기준 실무지침서』

김선희·주경희. 2012. "커뮤니티 기반 사회복지서비스 전달체계 성공조건에 대한 탐색적 연구:경기지역 푸드뱅크(Food Bank) 사업을 중심으로". 『사회복지정책』. 39(2)

달성복지재단. 2022. 『2022 달성복지재단 후원사업 매뉴얼』

보건복지부. 2019. 『사회복지법인 관리안내』

보건복지부. 2020. 『기부식품 등 제공사업 안내』

사회보장정보원. 2019. 『사회복지시설 정보시스템_후원과정』

사회복지공동모금회 나눔연구소. 2016. 『현물모금의 실태분석 및 개선방안 연구』

서울시광역푸드뱅크센터. 2020. 『서울시 푸드뱅크·마켓 주요 식재료 검수 도감』

서울시광역푸드뱅크센터. 2020. 『서울시푸드뱅크 마켓 업무 매뉴얼』

서울시광역푸드뱅크센터. 2021. 『2021년도 서울시 푸드뱅크·마켓 업무 매뉴얼』

서울시사회복지공동모금회. 2022. 『2022 희망온돌 따뜻한 겨울나기 사업안내』

서울시잇다푸드뱅크센터. 2022. 『2022년도 서울시 잇다푸드뱅크 업무 매뉴얼』

서울지방변호사회. 2019. 『NPO 법률지원 매뉴얼』

서울특별시. 2019. 『서울 기부길라잡이』

서울특별시사회복지협의회. 2019. 『사회복지재무·회계 기본공통과정 후원금 관리』

서울특별시사회복지협의회. 2019. 『후원금 관리_사회복지 재무·회계 기본공통과정』

아름다운재단 현물기부 제도개선네트워크. 2019. 『현물기부 이슈와 해결방안 모색』

양용희. 2001. 『지역사회 자원개발 및 활용 : 지역사회 사회복지관을 중심으로』. 동작구 연합 직원세미나 자료.

이은정. 2014. "기업과 비영리기관의 현물기부 중개 경험에 관한 연구 : 현물기부 시스템 개발을 위한 탐색". 『한국융합학회논문지』. 5(2)

진현정·강의. 2020. "일반시민들의 푸드뱅크 기부의도에 영향을 미치는 요인에 관한 연구". 『식품유통연구』. 37(2)

한국공인회계사회. 2018. 『알기쉬운 공익법인회계기준 매뉴얼』

한국사회복지협의회. 2021. 『기부식품 등 제공사업 운영매뉴얼』

한국장애인복지시설협회. 2019. 『한 눈에 보이는 현물기부가이드』

행정자치부. 2014. 『자원봉사활동 실태조사 및 활성화 방안연구』

인터넷 자료

조선일보, https://news.v.daum.net/v/20220130080048578

한겨례, https://www.hani.co.kr/arti/society/society_general/1025159.html

라이나전성기재단

https://www.junsungki.com/magazine/post-detail.do?id=2327&group=TV

관련 사이트

법률 관련

국가법령정보센터 www.law.go.kr
국세법령정보센터 https://txsi.hometax.go.kr/docs/main.jsp
국세청 www.nts.go.kr
국세청 홈택스 https://www.hometax.go.kr
법제처 www.moleg.go.kr
찾기쉬운 생활법령정보 www.easylaw.go.kr

유관기관

굿윌스토어 http://www.goodwillstore.org
베이비트리 http://babytree.hani.co.kr
사랑의 열매 www.chest.or.kr
서울잇다푸드뱅크 http://www.s-foodbank.or.kr
아름다운가게 https://www.beautifulstore.org
열린옷장 https://theopencloset.net
옷캔 http://otcan.org
전국푸드뱅크 www.foodbank1377.org
종합유기견보호센터 http://www.zooseyo.or.kr
한국전자제품자원순환공제조합 http://www.15990903.or.kr
달성복지재단 http://www.dswelfare.kr
서울특별시NPO지원센터 www.snpo.kr
서울특별시사회복지사협회 https://sasw.or.kr
서울특별시사회복지협의회 http://www.s-win.or.kr
서울특별시장애인복지시설협회 http://www.jjang2.or.kr
서울특별시장애인복지관협회 http://together-seoul.org
아름다운재단 https://beautifulfund.org/
한국공익법인협회 http://www.koreapca.org/
한국사회복지사협회 www.welfare.net
한국사회복지협의회 www.bokji.net
한국장애인복지관협회 www.hinet.or.kr
한국장애인복지시설협회 www.kawid.or.kr

/ 저자 소개 /

정현경

성공회대학교 사회적기업센터 연구교수, 한국공익법인협회 전문위원, 한국모금가협회 전문위원이다. 아름다운 재단 물품기부 마스터를 맡으면서 『한 눈에 보이는 현물기부 가이드』 기획하였다. 『모금가노트』, 『사회복지와 모금』, 『스크루지의 마음도 여는 한국의 모금가들』 등 다수의 저서와 연구를 이어오고 있다. 현재는 〈연대공작 단〉과 〈연대북스〉를 통해 동료들과 현장의 고민을 풀어나가고 있다.
blindnet@hanmail.net 정현경의 연대공작단 https://joining.tistory.com/

정낙섭

2002년 (재)아름다운가게 창립과 함께 비영리 상근활동을 시작하여 약 18년간 근무했으며 사무지원 처장직 을 끝으로 퇴직했다. 비영리 섹터에서 일하기 전에는 영리기업에서 근무하기도 했다. 현재 비영리,사회적경제 기관 종사자를 대상으로 강의와 자문, 컨설팅을 통해 후배들과 경험을 나누고 있으며, 한국모금가협회, 은평의 마을 등에서 비상근 임원으로 활동하고 있다.
skyjeong1223@naver.com

김덕산

연세대학교 재학시절 공부방 교사로 활동하며 우수봉사자에 선정될 만큼 학창시절부터 공익활동에 관심이 많았다. 안진회계법인 세무본부와 아산나눔재단에 근무한 경험을 바탕으로 2017년 한국공익법인협회를 설립 하였고, 공익법인 실무자의 역량 강화를 위한 교육과 법령 및 제도 개선을 위한 활동을 하고 있다.
gossen@koreapca.org

김일석

종근당고촌재단, 태광그룹 사회공헌본부를 거쳐 20년간 공익법인 현장에서 경험을 바탕으로 공익법인 세법 을 꾸준히 연구하여, 2022년 국민대학교에서 법학박사 학위를 받았다. 한국공익법인협회 상임이사로, 한국 YWCA 재구조화 자문위원, 국제개발협럼민간협의회(KCOC) 회계책무성 운영위원, 법무법인 가온 외부고문, 삼성회계법인 고문 등을 맡아 시민단체와 전문가집단에서 활발히 활동하고 있다. 저서 『공익법인 실무 매뉴얼 (서울시교육청, 2008)』 등이 있다.
onestone@koreapca.org

한국공익법인협회

한국공익법인협회는 2017년 6월 공익법인 전문가와 실무자가 함께 설립한 단체이다. 협회는 공익법인 실무자 의 역량 강화를 위한 교육, 경영 환경 개선을 위한 학술 연구, 법령 및 제도 개선 활동을 수행하고 있다.
홈페이지 http://www.koreapca.org/   블로그 https://blog.naver.com/donaldsan
유튜브 www.youtube.com/@KPCA